学び3.0

地域で未来共創人材を育てる「さとのば大学」の挑戦

さとのば大学 発起人
信岡良亮

リテル

はじめに

　どんな時代も、その時代ならではの生きづらさはあるでしょうが、ＶＵＣＡ※と呼ばれる時代を生きていかなくてはならないこれからの子供たちって、大変過ぎやしないでしょうか？「今ある職業の多くはＡＩに奪われる」「唯一の正解はない」「学んだ知識はすぐに陳腐化する」などの言葉が降り注がれる学校で、不安を抱えないほうがおかしいと思います。

　私は今年42歳になります。大学卒業後、ＩＴベンチャーで働き、心身ともに疲弊したあと、「環境問題についてみんなで学ぶ学校をつくりたい」という希望を胸に、島根県の隠岐諸島にある人口２３００人の離島に移住しました。多くの経験をしたのち、東京に戻って２つ目の会社を創業。２０１８年には「さとのば大学」という、４年間かけて全国４つの地域を巡り、各地で実際のプロジェクトに挑戦しつつ、オンラインの講義も受けて卒業するという新しいカタチの学びの場を創りました。

　設立にあたっては、クラウドファンディングに挑戦し、１０００万円を超えるご支援を頂きました。このように、さまざまな経験をさせてもらっている私でもしょっちゅう、

※変動性・不確実性・複雑性・曖昧性の頭文字からなる
　予測困難な状況を示す造語

「もうちょっと簡単に、みんなが幸せに、人生を謳歌できる社会にならないかなー」と考えてしまいます。普通の人が普通に働いて、普通に子供を育てられる。それが叶わないとしたら、それは個人の努力不足ではなく、社会の仕組みに問題があるのではないか！と、世の中のせいにしたくなることが3日に一度くらいあります。つまりは、よく途方にくれます。

それでもそのたびに、いろんなものに支えられ、挫《くじ》けそうになっては立ち上がるということを繰り返してきました。友人に支えられることもあれば、大自然に癒やされることもあるけれど、しんどいときに助けてくれる大きな存在として「学び」があるのです。そう、私にとって学びは、めちゃくちゃ優しい存在です。

私が学びを優しいものとして捉えるのには、2つの側面があります。1つは、「今の自分にとっては無理なことでも、学ぶことによって、自分は変わることができる」という感覚にさせてもらえるから。小学生の頃から中高時代にかけて、私は自分のことが嫌いでした。いわゆる意識高い系の人間で、頭と気持ちだけが暴走し、でも実践する力がない。その結果、外面は相手に合わせているけれど、心の中では周囲を見下すことで、「本当は自分はいろんなことを考えているんだ」という小さなプライドを保つのが精一杯でした。

そんな私が東京で就職し、鼻っ柱をおられ、さらに島へ移住して農家さんに怒られたり、可愛がられたりしながら30歳近くになってようやく「ちょっとは自分のことが好きになれる」くらいには人格に丸みを帯びるようになりました。私にとっての学びとは、学校での勉強の話ではなく、人生のリアルに触れる中で、自分のあり方が変化していく流れのことなんです。

もう1つ、学びが優しいと実感するのは、「隣の人も学んでいる」ことを知ったとき。自分が苦しいとき、知人に胸の内を話すと「実は俺もこんなことがあって」と聞かせてくれることがあります。幸せそうに見えた知人が、めちゃくちゃ苦労して、学び、成長しながら困難を乗り越えていることに気づきます。

また、ふとしたことで喧嘩して疎遠になった友人から「久しぶりに会える？」と連絡がきて、話をする中で、当時は互いに視野が狭く相手のことを慮《おもんぱか》る許容力がなかったこと、そして自分たちがその時から成長していることを感じるとき、「ああ、学んでいる人って優しいな」と思うのです。

さらに、話は少し飛躍しますが、気候変動や紛争など、簡単には解決できない社会問題を前に、「人間って学ばないし、成長もしない」と思うと、「世界は全然良くなっていかない。変えられるはずもない」と、いつまでも絶望的な気持ちになります。

でも、「自分も、そしてあの人も、ちゃんと学んで変わっていける存在だ」と思うと、そこに希望が生まれる。知り合いでもある英治出版さんが掲げる理念に、「仲間とつくる現実は、自分の理想を超えていく」というのがあるのですが、この感覚を体感できると、自分一人では変えられない未来に対しても、希望を持ち続けられます。「私とあなたとでチームを組んだら、きっと社会を変えられるはず」という感覚になることができるし、大きな希望にもなります。この捉え方の差こそ、人生を明るく過ごすための大きな差分だと思うのです。

「自分は変わっていけるし、同じく変わることのできる誰かと共に、未来は創りだせるはず」

こうした感覚を持つ人のことを、私は「未来共創人材」と呼んでいます。この感覚を持つことは決して難しいことではないと思っていますが、現実には、「自分なんかに社会を変えられっこない」と感じている若者は少なくありません。日本人は世界と比較して、学業は優秀なのに自己肯定感が低いというデータもあるようで、それはどうしてなのかと考えたとき、「学び方が時代にあっていないのでは」「学び方さえ変われば、多くの人が未来共創人材になれるのでは」と思うのです。

一番の課題は、若者が経験している今の学びと、自分が生きているこの社会や、自身の将来がつながっていないということ。もう一つは、学ぶ目的が個人の能力開発に偏っていて、社会を創り、変えていくための集団での学びが不足しているということだと考えています。

そこで、自分は、学びによって変わることができる。そして、みんなで共に学ぶことで、社会や未来は自分たちの手で創っていくことができる。そう思える「未来共創人材」や「未来共創社会」を増やしていくための学び方を「学び3・0」と名付けて、そこへの転換に挑戦しています。

「学び3・0」の詳しい紹介は第5章に譲るとして、これまでの学びとの違いを、大きく「学び1・0」「学び2・0」「学び3・0」の3つに分けて説明すると、

「学び1・0」は、既にある正解を学ぶことに最適化した、インプット中心の学び。
「学び2・0」は、学び手が自分の興味関心や状態に合わせて学びをデザインする、主体的な学び。
「学び3・0」は、個人の関心と他者との関係性を掛け合わせてアウトプットを生み出していく、共創的な学び、です。

1・0、2・0…というと段階のようにも聞こえますが、これら3つの間に優劣や順番はなく、それぞれを組み合わせたり、行き来しながら学んでいくことが大切だと考えています。

「学び1・0」は、先人によって蓄積され、体系化されてきた知識を、自分のものとして噛み砕く時間と言えます。基礎学力を身につけるという点で、また、他者と対話したり協働したりするうえでの共通概念やツールになる知識を獲得する意味でも、とても大切な学びです。

ただ、それは学びの一つの側面でしかありません。それだけが学びであると子供たちが捉えて

しまうと、学び＝「教室で一方通行で教わるもの」「教科書と向き合うお勉強的なもの」として、苦手意識や拒否反応を示されかねません。それは、もったいないことです。

そこで昨今、中学校や高校で増えてきているのが、生徒が自分の興味関心や状態をもとに自らの学びをデザインしていく、主体的な学びです。これを私は「学び2・0」と呼んでいます。

そして私がその先に創りたいと思い描いているのが、〝個人の興味関心〟と〝他者との関係性〟を掛け合わせ、集団でアウトプットを生み出していく共創的な学びです。これこそ、共創のための学習とも言える「学び3・0」の世界です。

「学び1・0」は、積み上げ式の体系的な学習であり、基本的に学んだ分だけ前に進みます。「学び2・0」の一つの例である探究学習も、学習指導要領によれば「課題の設定」「情報の収集」「整理・分析」「まとめ・表現」という探究スパイラルを回すなかで、知は深まっていきます。

けれど、「学び3・0」は、他者を巻き込んだ実践という関係性の中での学びなので、単純にはいきません。一つの目的に向かっていく過程で、あちこちで対立が生じたり、認め合ったりと、創っては壊れるということが繰り返されるからです。確実に積み上がるものではなく、迷うこともあれば、一度アンラーン（学んだことを手放す）したうえでの再構築が必要だったりします。また、新たな他者と出会った瞬間、プロジェクトが別物に進化することもあるでしょう。

そういう意味では、「学び3・0」は、関係性が濃密で、時間がふんだんにないと成立しにくい学びの型と言えます。私たちが学びの舞台として「地域」にこだわる理由の一つも、そこにあります。

そこで本書は、「学び3・0」の世界観を実現していくうえでキーワードとなる「地域」について語ることから始めました。さとのば大学の具体について興味がある方は、第2章、第3章からお読みください。

また、第4章では、さとのば大学設立の経緯を綴っています。本学には、名誉学長(Chief Co-Learner)として、マイプロジェクトという教育手法で知られる井上英之さんや、副学長の一人として、文部科学省で留学支援プロジェクト「トビタテ！留学JAPAN」を立ち上げた船橋力さんなど、教育界で知られる多くの人々が趣旨に賛同し、活動を共にしてくれています。そうした方々の、学びの転換への熱い思いも掲載しています。

そして、「学び3・0」のような新しい学習観を掲げ、実践しようとしているのは、さとのば大学だけではありません。従来の教育のあり方から一歩踏み出したチャレンジが、今、全国各地で始まっています。そうしたキーパーソンへのインタビューや対談もたっぷり収録しました。こうしたムーブメントを共有し、もっと多くの方に新しい学びのカタチを創る仲間に加わってほしい。そんな思いから、本書は生まれました。

複雑な社会の中で、一人でできること、変えられることはごくわずかです。だからこそ、集団、チーム、コミュニティといった関係性の中で異なる意見を出し合い、互いに学び合いながら新たな価値を生み出していく。教育の大きな転換も同様に、多くのプレーヤーの皆さまと学び合いながら、共創しながら、進めていきたい。

一人で担ぐには重たい荷物でも、みんなが、それぞれの形で関わりながら担ぐことで、「祭の神輿」に変わります。この本が、読者の皆様と「みんなで神輿を担ぐ」という感覚を少しでも共有できるきっかけになれば嬉しく思っています。

2024年3月　さとのば大学発起人　信岡良亮

目次

はじめに——1

第1章 なぜ、「地域」を巡るのか?——12

第2章 さとのば大学の学生たち——32

第3章 さとのば大学とは?——60

第4章 さとのば大学は、どのように生まれたのか?——106

Another Story

さとのば大学名誉学長（Chief Co-Learner） 井上英之さん——126

さとのば大学副学長 船橋 力さん——138

さとのば大学副学長 兼松佳宏さん——146

さとのば大学地域事務局 後藤大輝さん——153

第5章 「学び3・0」とは何か——162

第6章 各地で胎動する、教育の新しいカタチ――180

―インタビュー―キーパーソンに聞く

ドルトン東京学園中等部・高等部 校長 安居長敏先生――181

宮崎県立飯野高校 進路指導部長 梅北瑞輝先生――188

―特別対談―キーパーソンに聞く

社会起業家、NPO新公益連盟代表理事 白井智子さん――194

Co-Innovation University（仮称）学長予定者 宮田裕章さん――202

Dream Project School代表（元ミネルバ大学日本連絡事務所代表）山本秀樹さん――209

前・文部科学大臣補佐官 鈴木寛さん――217

終章 学びの変化の先に、行きたい未来――226

あとがき――231

第1章

なぜ、「地域」を巡るのか？

地域の課題にはリアリティがある

「地域を旅する大学」

このキャッチコピーに表れているように、さとのば大学は、1地域で1年間過ごし、翌年度はまた別の地域で1年間を過ごします。結果、4年間かけて4つの地域を巡りながら、それぞれの「地域」で生きた学びを実践していきます。

この場合の「地域」とは、都市・都会に対する地方、いわゆる田舎や農村をイメージしています。事実、さとのば大学が現在連携している地域は、北海道名寄市、秋田県五城目町、宮城県女川町、福島県南相馬市、石川県加賀市、石川県七尾市、埼玉県横瀬町、長野県長野市、岐阜県郡上市、京都府内各地、島根県海士町、岡山県西粟倉村、徳島県三好市、宮崎県新富町、鹿児島県枕崎市。人口が3万人に満たないような、小さな自治体がほとんどです。

では、なぜ、「地域」で学ぶのか。

その前提には、学び手である若者たちの考え方や価値観の変化があります。彼・彼女たちは、お金が稼げることや社会的成功という動機よりも、何かしら社会貢献がしたいという思いを持っていますが、その裏側には、「生きていくことがぼんやりしている」という感覚があるような気がします。生きているという実感が湧くこと、社会に自分が必要とされていること。そういった精神的な満足感が得られるものを欲しているのだと思います。そういう観点から見ると、地域には都市にはない魅力として、リアリティとか手触り感というものがあります。

私自身そうでしたが、若い人が環境問題や人口減少といった社会課題に関心を持ったとしても、余りにも課題が大きすぎて、どこからどう手をつけていいかわかりません。何とかしたいと思っても、「自分には変えようがない」と感じることが多いと思います。

けれど、例えば人口が100人の島であれば、農家さん10人の理解を得られれば、島の農業全体を変えることだってできるんです。

しかも地域の課題は、誰が困っているのかなどのリアリティがあるため、当事者意識を強く持って関わりやすいという特徴があります。プロジェクトに取り組むことを通じて、手触り感や手応えをもちながら、自分たちが思い描く「こうなったらいいな」という、成り行きではない未来を実際に創ることができるという点で、サイズ感が適しているんです。

また、地域で暮らしていると、良いところも悪いところも目につきます。すごく良い人にも会えるし、逆に相性の悪い人にも遭遇します。都市の場合、それが見えにくかったり、あるいは悪い部分が見えている場合は避けることも容易です。

けれど、地域のような狭い社会では、逃げようがないし、ごまかしようがありません。仕方がないので相性が悪いと思った人とも付き合ってみると、意外な面が見え始め、その人が地域のなかで欠かせない存在だったり、大切にされていたりすることに気づきます。そうしたリアルな気づきが、他者へのリスペクトになるし、感謝にもなると思います。

〝リアリティ〟の重要性としてもう一つ、あるマウスの実験を紹介させてください。※ マウスをA・Bの2群に分け、それぞれを2つの区画を持つシャトルボックスと呼ばれる箱に入れます。A群のマウスには、一つの区画にいると電流ショックを受けるが、もう一方の区画に移動すればそれを回避できることを学習させました。一方、B群のマウスには電流ショックは与えませんでした。その後、両群のマウスのストレスホルモンの分泌量を測定したところ、電流ショックを受けていないB群の方がストレスが高かったというのです。これは、A群のマウスは始めのうちは電流が流れるたびにギャッと鳴いていましたが、痛みを回避する方法を学習することで状況が制御可能なものになっていったのに対して、B群のマウスは、その様子を見ていて何かが起きている、自分にも起きるかもしれないという不安だけが蓄積していくからなのだそうです。

現代は、情報だけがたくさん流れてくる中で、実体験として得ている経験がとても少ない時代になりました。これは若者や子供に限った話ではありません。大人も含めて、世界の紛争も自然

※アメリカの心理学者リチャード・ソロモンとジョン・レオナルドによる「回避性シャトルボックス実験」(1975)

災害も疫病も、いつやってくるかわからないという不安は増えていくのに、実経験の中でその苦境に立ち向かう勇気や行動を身近で体感する機会がほとんどありません。

だからこそさとのば大学では、「未来に向けて前向きなチャレンジが起こっている地域」と連携し、そこにいる、課題や不安があってもそれを乗り越えようとする逞しさを持った人々と共に、学生がリアリティのある実体験を積むことをとても大事にしているのです。

崩れつつある環境、社会、経済の均衡

さらにここで、「都市」と「地域」の関係を整理しておきたいのですが、両者の違いは、単なる人口や規模だけではありません。このことについて考えるにあたって、環境と社会と経済の関係を示した図（下）をもとに説明させてください。

この図を私に教えてくれた友人は、

「3つの円が重なるところが、一般に持続可能な場所だと言われているよね」

と話してくれました。頷く私に対して、友人はこう続けます。

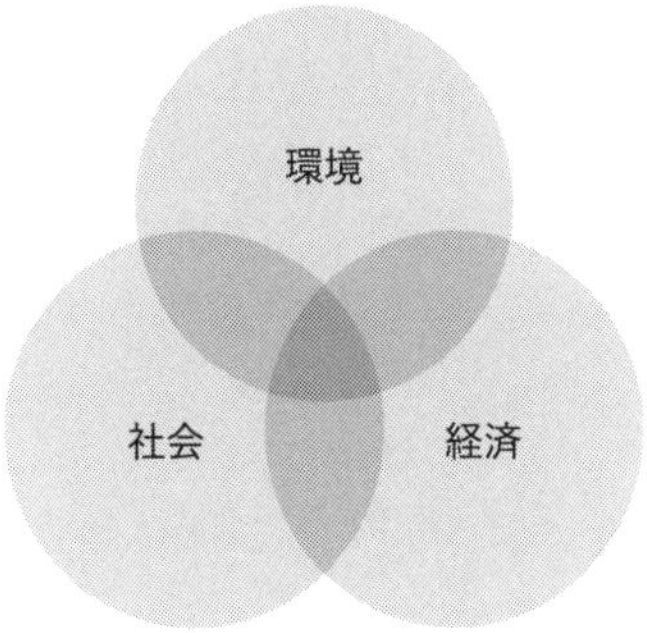

「でも実は、この図には嘘があるんだ」
と。そもそも、円のサイズが違う。本当は、まず「環境」という大きな母体があり、その中に、「社会」が形成され、さらに、その中に人間がつくり出した「経済」があるはず。だから、こちらの図（下）のほうが正しいよね、と。

でも、そのバランスが今、大きく崩れ始めている。行き過ぎた経済至上主義の結果、母体である「環境」の持続性を棄損し始めている、という話でした。

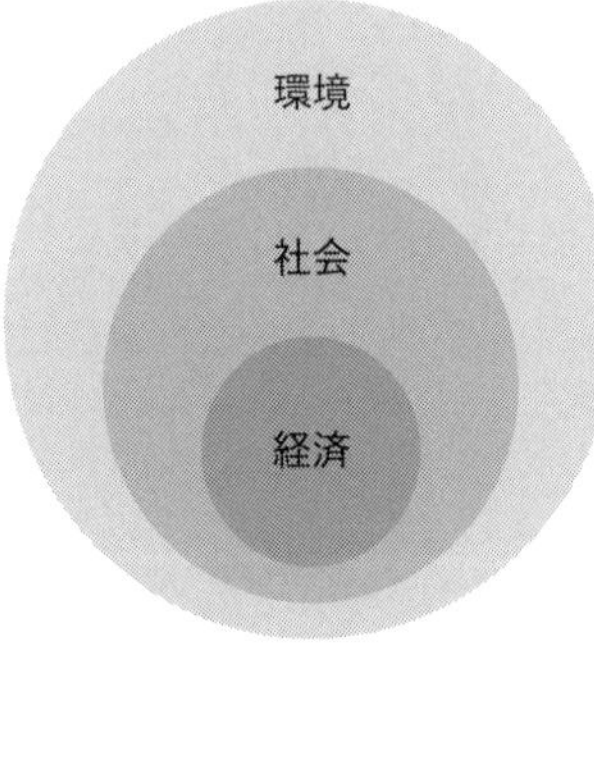

なるほど、地球という環境があり、そこに文明社会が生まれたのが数千年前、そして経済活動が急速に発達したのが１００年とか２００年前の話です。なのに、つい最近できあがったばかりの「経済」というシステムが肥大化した結果、「環境」という母体さえ壊し始め、慌てているのが現在の姿であり、サステナブルという言葉が生まれた要因です。

しかも、そのサステナブルという言葉さえ、今や経済的な文脈で使われることが多いのではないでしょうか。私自身、投資家の人たちに「その事業は、本当にサステナブルなんですか?」と経済的な意味ではよく聞かれますが、「環境的なサステナブルに貢献していますか?」とか、「社会的にサステナブルですか?」と聞かれたことはありません。

「地域」とは、社会と環境が接続するところ

さて、環境と社会と経済の関係が整理できたとして、今の話が、都市と地域の関係と、どう結びつくのでしょうか。

先ほどの二つ目の図において、「経済」と「社会」が接続するところが都市であり、「社会」と「環境」が接続するところが地域（田舎）だと、私は捉えています。そして、「経済」ばかりに重きが置かれるようになった結果、膨れ上がってきたのが今の都市の姿であり、疲弊しているのが地域の姿ではないでしょうか。

本来、両者にこのような優劣はなかったはずです。むしろ、昔は、林業や農業など環境に密接した一次産業が生産の基軸だったため、むしろ、地域のほうが潤っていたとも言えます。けれど現代社会では、一次産業に価値を見出さず、自然資本をメンテナンスする機能にも十分なお金がついていません。その結果、「儲からないから」といった理由で、地域から都市への人口流出が止まらない。人が健全に育つうえで自然環境は大きなファクターだとすると、自然環境に恵まれた地域から、自然環境と接していない都市にみんなで集まった結果、起こったのが深刻な人口減少です。

人類は絶滅危惧種!?

日本の人口は、2056年には1億人を割って9965万人となり、2070年には8700万人になると推計されています(出生中位推計)[※1]。また、2021年の合計特殊出生率は1・30[※2]。このままのペースでは、数世代で人口が半減してしまう。生物の世界でいう絶滅危惧種のような状態です。この構造を変えない限り、地方創生どころか日本再生も叶わないでしょう。

少子高齢化についてはよく、1人の高齢者を支えるのに何人の生産年齢人口が必要か、という数値が使われます。1950年時点では12・1人で1人を支えていたものが、2021年時点では2・1人で1人を、2070年の予想では1・3人で1人を支えることになるという、こちらもかなり深刻な状況です[※3]。

もっと身近な問題として考えてみましょう。

例えば、住民1000人が暮らす島にパン屋さんが1軒あったとします。月の売上げは100万円でしたが、5年後、島の人口は800人に減り、それに伴い売上げも80万円に減ることは目に見えています。

※1,3「日本の将来推計人口(令和5年推計)」
国立社会保障・人口問題研究所 より
※2「人口統計資料集(2023)改訂版」
国立社会保障・人口問題研究所 より

それでは、店を維持することが困難なため、経営者も従業員も必死に頑張って、月額85万円を達成したとします。けれど、そのとき経営者は「みんなよく頑張ってくれた。ありがとう。これまで通りのお給料を支払います」とは言えません。売上げの減少に伴い給料を85%に減額しなければ、潰れてしまうからです。ここに、ロジックを超えた感情のしこりが発生してしまいます。人口減少という構造問題が、人と人との〝関係問題〟にまで発展してしまうのです。

私の目標はあくまで、持続可能な未来を創ること。そのわかりやすい指標の一つが人口の正常化であり、そのためには都市集中型社会から地域分散社会への移行が必要だというのが私の持論です。

〝亭主関白化〟した都市の姿

都市集中型社会から地域分散社会へ移行するためには、どうすればいいか。まずは、経済という軸だけで、「稼げている都市」と、「稼げていない地域」という見方をやめたい。それって、家事や子育てをしているお母さんの前で、「稼いでいるのは俺だぞ」とふんぞり返っている亭主関白のようなもの。稼ぎも重要ですが、それ以外にも大切な仕事をしてくれている人にちゃんと敬意を持てるようになりたいのです。

都市と地域は、遠く離れたものではなく、補完し合う関係です。互いの役割を、分担ではなく共創的に担うことが必要です。

サッカーの試合に喩えてみましょう。サッカーでは、ゴールを決めたプレーヤーがどうしても目立ちます。しかし、フォワードがゴールを決めるためには、ディフェンダーがボールを奪い、ミッドフィルダーがパスをつなぐ必要があります。なので、チーム全体としての得点であることを、チームはもとよりファンも理解しています。これが、正しく評価し合うことができる共同体の姿です。

しかし、評価が健全に行われる共同体のサイズには限界があります。例えば、サッカーコートの広さが10倍となり、プレーヤーの数も10倍になったとしたらどうでしょう。

ボールは、あちこちを経由してゴール前に運ばれていくため、最終的にフォワードがゴールをした時、そのずっと前に敵からボールを奪うことで得点に貢献したディフェンダーのことを適切に評価することは難しくなります。もしかしたら、ディフェンダー自身、自分の功績を正しく実感できないかもしれません。

その結果、ファンもチームも、評価する対象は、ゴールを決めたただ一人に集中し、その他のプレーヤーの評価は、得点者の功績に反比例して減少していきます。

こうしたチームでは、みんながフォワードになりたがることが予想されるため、チームワークが失われ、結果として、最も重要な目的である試合に勝つことができなくなってしまいます。

社会も似ています。顔の見える社会であれば、私たちはその中で互いの役割をきちんと把握することができます。しかし、何十万人もの人々であふれている社会では、互いのことを知り、適切に評価する機会は失われていきます。お互いの役割を理解できない者同士ですから、評価を数値に頼るしかなくなってしまう。そして、この数値とは往々にしてお金を意味します。

本当は、互いに支え合っているはずなのに、最終的にゴールを決めた人（たくさんのお金を稼いでいる人）以外は評価されにくいという現象が生まれてしまうのです。こういった不健全さをどうやって克服していくか。これは、21世紀の大切なテーマの一つだと考えています。

危機は、周辺から近づいてくる

しかし、都市の中にいると、先ほど述べた不健全さに気づくことが難しい。

本当は、都市と地域は一体なのだ、ということに気づくことができるよう、私はよく次の言葉を引用します。ナチスドイツに捕まったニーメラーという牧師が語ったといわれる一文です。

ナチスが共産主義者を連れさったとき、私は声をあげなかった。
私は共産主義者ではなかったから。
彼らが社会民主主義者を牢獄に入れたとき、私は声をあげなかった。
社会民主主義者ではなかったから。
彼らが労働組合員らを連れさったとき、私は声をあげなかった。
労働組合員ではなかったから。
彼らが私を連れさったとき、私のために声をあげる者は誰一人残っていなかった。

いきなりナチスドイツの例を出して驚かれたかもしれませんが、何が言いたいかというと、危機は、周辺から徐々に近づいてくるということ。そして、自分のところにやって来てから動こうとしても遅いということです。いざ自分が当事者となったときには、助けてくれる人はもういません。遠いところにいる人の苦しみを想像し、自分に重ねて考えられるようにならないと、いつか手遅れになるのです。

けれど、往々にして、困っている当事者と、その問題を解決できる能力を有している人間は違うことが多いものです。このパラドックスをどう解くか、それが難しい。

となると、想像力や共感する力、当事者意識をいかに持つかが大事だと言われるわけですが、すべてのことに対して想像力を働かせるのには限界があります。

なので、当事者とは言わないまでも、「準当事者」、あるいは「未来関係者」のような感覚を持てるかどうかが一つのカギになるでしょう。当事者と、そうではない人を分断するのではなく、その間にグラデーションがあるのだという感覚を持つことが大切だと思うのです。

都市と地域の関係も同じです。「地域活性化」といった言葉に無自覚的に表れているように、まるで都市が活性化していて、地域は活性化していないといった比較ではなく、上から目線でもなく、どこかで、きちんとつながっていると意識すること。

「大赤字の地方は切り捨てるしかない」

という意見も耳にします。しかしその考え方で、東京以外の地方がほぼ赤字という状況の中で撤退が徐々に進み、地域から人がいなくなって東京や大阪だけが栄えるのがいいのか？　それとも社会の仕組みや構造を変えて、土地ごとの多様な歴史や文化、自然を持続的に育める日本に変えていくのか？　どちらがワクワクするかと言われたら、私は後者の未来を創りたい。

その意味で、ニーメラー牧師の警句は、決して極端なたとえではありません。少しでも早く周辺から手を打つことで、不遇な状態が私にはまわってきませんようにとただ願う未来から、今いるみんなで本当にほしい未来に向かって、「共創する」ということを全力で学びたい。

その原点は、周辺で起きている危機を〝他人ごと〟として見過ごしたり、見ないふりをするのではなく、自分とのつながりの中で捉え、その痛みを〝私たちの痛み〟として感じ、当事者と共に困ることから始まります。

関係性の質を高める「共困性」

以前、島根県の隠岐諸島にある海士町《あまちょう》で暮らしていたときに書いた拙著『都市農村関係学』で、「共困性、共働性、共未来性」という概念を提示しました。関係性の高いコミュニティには、この3つの条件が揃っているのではないか、という仮説です。

1つ目は、一緒に困れるか。何かしらの問題が起きたときに、同じように困ることができるかどうかということ。これを「共困性」と名付けました。

2つ目は、一緒に働けるか。何か起きたときに、共に動けるかどうかということ。つまり、「共働性」です。

3つ目は、一緒に未来を描けるかどうか。〝ほしい未来〟〝行きたい未来〟のシンクロ率であり、「共未来性」と名付けてみました。

この3つのレベル感に比例して、共同体内での関係性の質が高まるのではないか。

例えば80人が農業従事者、10人が商工業者、10人の行政役人で成り立っている100人の村があったとします。

この村で天候不順が起こると、多くの人たち、少なくとも人口の8割を占める農業従事者が一緒に困ることができます。すると、みんなで対策を立てて動くことが可能ですし、頭に思い描く未来のイメージも、近いものになります。

反対に、村人100人が100通りの仕事をしていて、お互いがどんな役割を果たしているかを知らないとします。

すると、同じように天候不順に見舞われたとしても、それで困る人もいれば、喜ぶ人もいるはずです。仕事の相互理解が無いため、一緒に動くこともできません。さらに、自分たちの将来のためにどんな備えが必要かのイメージを共有することができません。

それはまさに、分業化や専門化が進んだ現代社会の姿です。そうした社会で関係性を高めるためには、集団を構成するそれぞれが、互いに配慮し合うことが欠かせません。

「共困性」「共働性」「共未来性」のうち、関係性の質を高めるうえで最も大事なのは「共困性」、つまり「一緒に困れるか」だと思っています。なんなら「一緒に喜べるか」ということよりもずっと大事。ヴィトゲンシュタインという哲学者は、

「哲学は、同じ答えを共有することではなく、同じ問いを共有できるかが大事」という意味のことを言っています。

例えばトマトが食べられない子供がいたとして（僕がそうなのですが）、どうすればトマトを食べられるようになるかを一緒に考えてくれる人がいるのもありがたいのですが、「サラダが出てきて、トマトだけ残してお皿を下げてもらうときの情けない感じ、切ないよねぇ」と共感してくれる人がいることが、その子にとって最初の救いになると思うのです。

「喜び」は、課題をクリアした結果生じる感情であることが多いため、どちらかというと「答え」です。これに対して「困りごと」というのは、解決すべき「問い」そのもの。「問い」を共有できるかどうかのほうが難しいけれども、価値が高いと感じます。

トマトが食べられない子供が、「私がなんとか君がトマトを食べられるようにしてあげよう」と言われるとムッとするかもしれませんが、同じくトマトが食べられない僕に「一緒にトマト嫌いを克服できるかやってみない？」と誘われると、仲間が見つかったようでワクワクする。この、アドバイザーから共創者への転換が僕はとても好きなのです。

大きすぎる「公」と、小さすぎる「私」の狭間にある、「共」という存在

作家、プランニングディレクター、働き方研究家など幅広く活躍する西村佳哲さんから、以前、「公・共・私」の違いについて教わったことがあります。

英語でいうPublic（パブリック）、Commons（コモンズ）、Private（プライベート）の違いです。「パブリックな場」とか、「プライベートを大切に」とか、「公私混同するな」という言葉があるように、私たちは公（パブリック）と私（プライベート）が別のものであることを、概念として理解しています。

しかし、共（コモンズ）と言われるとピンときません。それどころか、「公共サービス」という言葉があるように、「公」と「共」は同じ言葉のような印象さえあります。

けれど、「公」を行政と捉え、「共」を〝私たち〟という言葉に置き換えてみたらどうでしょう。よく耳にする「市町村が合併するから、公共サービスが悪化する」という文章に、違和感が生じてくると思います。というのも、行政による公的なサービスが集約化されるのでサービスの質が悪化することまでは理解できますが、共＝私たちは変わらず、そこに住んでいるのだから、私たち

自身が行うサービスが悪化するというのも変な話です。

この不思議を紐解く仮説として、私は、江戸時代までの日本は、共（私たち）が中心の社会だったのでは、と考えています。例えば「○○村の権兵衛です」とか「柳生家の長男です」と言えば、その人を表していたように、「どの共同体に属している、どういう役割の人か」を説明することが、「あなたは誰？」という問いに対する答えでした。海外において「Who are you？」という問いが、あなた個人のことを尋ねているのとは対照的です。

この日本と海外の違いについて考えているときに出会ったのが、『翻訳語成立事情』という本です。どういう英単語が、日本語に訳すとき難しかったかを教えてくれるのですが、Society と individual の翻訳が難しかったそうです。社会と個人。明治期の日本人には馴染みのない概念でした。日本に「社会」はなく、あったのは「世間」でありご近所との関係性。関係性の中で自分というものを見出すので、「独立した個人」という感覚が伝わらないのだそうです。

急激に中央集権化していく中で、藩や五人組などを廃止し、個人が納税していくシステムに切り替え、「共」が中心だった世界観から「公」に力を集める制度設計を急いでつくり直した結果、「私たち」で行うサービス（ため池の掃除や水路の整備など）がすべて、政府が行うサービスへと移管されていきました。

それと同時に、まだ育ちきっていない「個人」というものに居場所を与えてくれたのが「会社」

という存在ではないか。だから日本の企業では終身雇用があり、健康診断など欧米では個人が担う責任範囲まで会社が担っている。そんな話を西村さんとしていました。

私たちが今、居場所やコミュニティに惹かれるのは、大きすぎて自分たちでは関わりようのない「公」というものと、か弱く小さいが故に、制度に従うか反抗するかしかない「私」との間に本来あり、自分たちで仕組みや制度を考え、自分たちで実験し、ルールを変えていくといった役割を持つ、中間的なサイズである「共」という存在が薄れてきたからなのかもしれません。

なぜ、「地域」で学ぶのか。本章の冒頭で示した疑問の答えも、まさにここにあります。個人ではなく、チームとしての学びを通して社会接続できるのが、僕の目指す「学び3・0」の学び方。地域には、「共」にあたる集団の中で、当事者意識を持ちながら、実際のプロジェクトを通じて、自分たちが思い描く「こうなったらいいな」という未来に向けて一歩踏み出しやすい環境がある。その結果も目に見えやすく、それが良かったとしても悪かったとしても、「未来って、自分たちの手で変えていけるんだ」という手ごたえを味わいやすい。

学校教育を終えて社会に出る前に、この「社会は自分たちの手で変えていける」という実感を持つことで、やがて困難に直面しても自分にできることがあるとわかる。それはきっと、その後の生きる力や希望になっていくと思うのです。

ただ、地域といっても、どの地域でもこのような共創感覚が経験できるわけではないのが現状です。さとのば大学でも連携する地域は厳選しており、未来に向けた前向きなチャレンジが起こっている場所、そんなプロジェクトを実践している大人がたくさんいる地域であるということが重要だと考えています。

次の章では、さとのば大学の学びについて説明する前に、実際にそういった地域に飛び込み、学んでいる4人の在校生、卒業生のストーリーをご紹介したいと思います。なぜなら、学びの意味は、それを経験した学生の姿にこそ現れると思うから。

「さとのば大学で過ごすことで、どのように成長するのか」

迷いながらも、一歩を踏み出した若者一人ひとりのリアリティを感じていただければ幸いです。

第2章

さとのば大学の学生たち

「いつまでパン屋ごっこを続けるの？」突き付けられた「ご当地パンプロジェクト」の挫折と展開

高知県出身の明神《みょうじん》光竜《ひかり》さんは、さとのば大学の2年生。現在、宮城県女川町で過ごしています。モットーは、何でもやってみること。〝見えるポジティブ〟〝スーパーストイック〟を自称し、

「窮地に追いやられても、成し遂げたいことに向き合い、確実に成すのが信条。ただし、自分の首を絞める勢いで追い込んでしまうことも…」

と話します。そんな彼は、なぜ、さとのば大学に入学したのでしょうか。

「中学時代、ある出来事がきっかけで学校に居づらくなり、不登校になってしまったんです。初めての挫折体験でした。家族からも笑顔が消え、胸が痛みました。自分が落ち込むと周囲も暗くなってしまうけれど、反対に、自分が前向きだと周囲も明るくなる。そのことに気づいてからは意識的にポジティブに振る舞うようになりました」

〝見えるポジティブ〟の裏には、辛いときに笑っている奴は強い、という彼なりの流儀があるようです。

その後、中学校の校長先生のアドバイスを参考に、山間の高校に一年遅れで進学し、寮生活を始めた明神さん。その高校は探究学習に力を入れており、そこで実力を発揮することに。観光甲子園グランプリをはじめ、さまざまなコンテストに参加しては、多くの賞を受賞しました。

けれど、その喜びも、いつしか虚しさに変わっていったのだとか。

「先生たちは喜ぶし、自分もその瞬間は嬉しいのですが、年度が変わると、次は別の学校の別のチームが受賞し、栄光は過去のものに。自分が何者でもなくなるような感覚に陥ってしまったんです。それに結局は、学校のバックアップがあってこその受賞であり、自分の代わりはいくらでもいます。なので、高校卒業後は、縁もゆかりもない場所に行き、自分の力だけで勝負したいと思うようになりました」

明神さんが志望したのは、世界7都市を移動しながら学ぶ全寮制のミネルバ大学※でした。ただし、合格率2％未満とも言われる難関大学であり、選抜の結果は残念ながら不合格。失意のなか、高校の先生が存在を教えてくれたのが、さとのば大学でした。

「地域を旅すると言っても、世界7都市と比べるとスケールが小さいように見えて、最初は乗り気ではありませんでした。しかし、開校間もない学校だからこそ、自分の力を試せるのでは、と

※209ページから元ミネルバ大学日本連絡事務所代表の山本秀樹さんとの対談を掲載していますのでそちらも参照ください

思い進学を決断しました。とにかく冒険がしたかったんです」

明神さんが1年目の移住先に選んだのは、岐阜県の郡上市。地元と似た清流の町ということで親近感を覚えたようです。そこでの1年間は、想像を超えるものでした。これまで出会ったことがない大人たちとの濃密な日々が続いたのです。

「移住当日にバーベキューに招待してもらい、その縁で、翌朝には、屋根に木材をひたすら投げ渡すアルバイトに駆り出されました。その後も、田んぼの管理、鹿の駆除の手伝い、酵母菌のおこし方など、その土地で暮らすためのことを一通り覚えました」

さとのば大学では、各自で行うプロジェクト学習（マイプロジェクト）に取り組む必要があります。明神さん自身が決めたテーマは、「ご当地パンプロジェクト」というもの。地元の高知で人気の〝帽子パン〟と、郡上の食材とを掛け合わせたオリジナルパンを開発し、新たな特産品にすることを目指したのです。

とは言うものの、いきなり一人で商品開発をすることは困難です。そこで支えとなるのが、提携している通信制大学のオンライン授業とは別に、週3日実施される、さとのば大学のオンライン講義でした。講義では、地域共創分野のエキスパートが、各自の学びをサポートします。

「最初は、講義で学んだことを地域で実践するのだとばかり思っていましたが、実はその逆で、実際のプロジェクトで感じた疑問などを講義に持ち込むことで、大事なヒントがもらえるなど、深い学びにつながることに気づかされました」

それでも、プロジェクトが順調に進んだわけではありません。

「道の駅の社長さんに協力のお願いをしに行った際は、提案した内容が全く刺さらず、惨敗しました。あまりのショックに、その場でいただいた『パン屋さんで修業してみたら』という提案も素直に受け取れず、断ってしまったのです。帰り道、同行していた地域事務局の方からも追い打ちをかけるように『ひかり君さあ、まだ〝パン屋さんごっこ〟を続けるの?』と言われ、心がボロボロになりました。その時はショックでしたが、時間をおいて内省することで、事務局の方の言葉は、ただへこんでチャンスを逃してしまった僕に、本当にそれでいいの? と問いかけ、鼓舞してくれたのだと

気づきました。道の駅の社長さんにしても、僕のことを子供扱いせず、しっかり否定してくれたわけです。お陰でその後、パンづくりの専門性を磨いたり、関連する資格の勉強をするなど、自分自身が変化する大事なきっかけを与えてもらいました」

また、郡上に移住してまだ日が浅い頃、地域の大人から言われた言葉も、彼の心にぐさっと刺さったと言います。

「『ひかり君は、周りを気にしているところがあるよね。いつも客観的に物事を見ているでしょう。すべてを忘れて夢中になることってあるの？』と言われ、答えに詰まってしまったんです。他人に合わせて自分の本音を隠すのではなく、もっと自分の心に向き合えという意味の指摘だったんですが、それまで学校では、感情に任せるのではなく、物事を客観的に見ることが良い、という教育を受けてきたため、ギャップに驚きました」

そういった経験を経て、「辛いときに笑っている奴は強い、という信念こそ揺るがないものの、「周りの目を気にせず、もっと自分の感情を表に出して、自分らしく生きてもいいんだ、と思えるようになった」と彼は話します。

「郡上では、自分の人生を、自分以上に考えてくれる人たちとの出会いを得られました。常に、見守られていることの安心感。居場所を見つけられた気がしました」

そして、2年目。彼が選んだ二つ目の地域が、宮城県女川町です。

ご当地パンプロジェクトは継続するも、興味の対象に広がりが生じた、と彼は言います。

「郡上にいた頃、パンだけではなく郷土料理を作る機会もありました。そこで、女川に来てから郡上の伝統的な家庭料理である味噌煮を地域の方々にふるまったんですが、その評判がとてもよかった。そして気づきました。郷土料理を通じて、遠い地域同士の距離を縮めることができるのであれば、移住先で各地の郷土料理を極めることで、少なくとも4年間で4つの地域をつなぐことができるはず。そう考え、今は、郷土料理を通じて地域を橋渡しするプロジェクトを構想しています」

こうしたマイプロジェクト以外にも、明神さんは、多くの活動をしています。例えば、地元のカレー屋さんの情報発信の手伝いです。

「今、アルバイトをしているカレー店のオーナーは、女川に移住して開業しましたが、集客のための広報活動に悩まれていました。そこで、SNSを使った情報発信や取材対応などの仕事をサポートさせてもらっています。僕自身、起業する夢があるため、経営者の方と接することはとても勉強になっています」

この2年間で確実に成長した実感があると明神さんは話します。

「自分の内に秘めていた可能性に気づけたことが一番です。例えば、僕は小さな頃から絵を描くのが苦手でしたが、心を研ぎ澄ますことで、頭に浮かんだイメージを図案にすることができることに気づきました。そうした感覚が得られるようになったのは、何らかの基準でいちいち評価されることがないから。どんなことにも挑戦できるんです。草刈り機の操縦だって、幼い子の子守りだってそう。本当に、地域は学びだらけのキャンパスだと思います」

こうも話してくれました。

「郡上にいたとき、ある方に、『人は3つのことが変わると別人になれる。それは仕事と人間関係と住む場所だ』と言われましたが、今の僕がまさにそうです。移住当初の僕を知る人は、『あの頃は、地域に迷い込んだ子猫のようだったが、今は顔つきが変わった』と話してくれています。高3のときは、自分の目先の進路についてすごく悩んでいたのに、今は、人生について深く考えるようになりました」

　思い切って、さとのば大学に入学した明神さん。一般的な大学に進まなかったことに、悔いはないのでしょうか。

「まったくありません。なぜなら、普通の大学は卒業後のルートが何となく見えてしまうから。でも、今は、少し先に何が起きるかさえ、まるで想像できません。自分も成長するけれど、周りも変化するので、なおさらです。毎日、超ワクワクしています。加えて、郡上でも女川でも、大学生だけど〝準大人〟として扱われます。自分の存在が、地域の方に認められている感じがするんです。さとのば大学は、まだ世間にあまり認知されていませんが、こうした新しい学生のあり方は、絶対に誰かの心に刺さるはず。そのためには、僕自身が憧れをもたれる存在にならないといけないと思っています。メディアから取材依頼が来たとき積極的に受けるようにしているのも、さとのば大学のような学び方があることを、世間に知ってもらいたいからなんです」

　先ほどの発言にあったように、明神さんの近々の目標は起業すること。地域で暮らす中で、自分が最も幸せに生きられる方法を選択し、仕事と自分の人生が一体となっている大勢の大人の姿を見て、自分もそうなりたい、と感じたからだそうです。

ジビエ料理の開発と、それを引き継ぐ小学生
走りきることと息を抜くことのバランスも学ぶ

小曽根雅彰《こそねまさき》さんは、10人きょうだいの4番目。

一度は全日制の高校に入学したものの、いじめを受け、2年生の7月に通信制高校へ転入し、親に負担を掛けないよう、アルバイトをしながら高校時代を過ごしました。進学を考える際も、学費や生活費を含め、自分でやりくりできることが前提だったと言います。検討した結果、Instagramで存在を知った、さとのば大学に入学を決めました。

彼は、料理好きで、「料理の道で生きていきたい」という強い意志を持っていました。そのため、さとのば大学入学前に面談した際、「調理系の専門学校で学んだほうがいいのでは」ということも伝えたのですが、

「将来、単に飲食店で働いたり、経営したりするのではなく、食の意義をきちんと社会に伝えて

いきたい。どうすれば、そういうことができるのかを考えたとき、さとのば大学のほうが、深く面白い学びができそうだから」

といったことを話していました。

そんな小曽根さんが1年目に選んだ地域は、岡山県の北東部に位置する西粟倉村。山間の町であり、百年の森林構想を掲げている村でした。彼はそこで、シカなどに植林した木の芽が食べられるなど、深刻な獣害がある現実を目の当たりにします。その一方で、地元の人は、あまり鹿肉や猪肉を食べないことも知りました。

そこで、駆除された害獣を使って、鹿肉を使ったハンバーガーなど、ジビエ料理のレシピ開発を進めます。また、学校給食に地元産のジビエ料理を取り入れるよう働きかけたり、全国各地の家庭にジビエバーガー

のレシピと食材を送ったり、各地のキッチンをオンラインでつなぐことで「孤食」をなくすプロジェクトなどを次々と実践していきました。

もともと小曽根さんは、西粟倉村にやってきた当初、「生産者と消費者をつなげたい」という大きなテーマを持っていました。一次産業に関わる人口を増やすことによって、地域が活性化するんじゃないかと考えていたようです。

ただ、一次産業の担い手を集め、育てるためには、イメージから変えていかなくてはいけません。そのためには食だけではなく、職業理解に関する教育も必要だと考えていました。

そうしたとき、彼はある小学生と出会います。最初に実施したジビエ料理をふるまうイベントに参加してくれた地元の小学5年生が「料理人になりたい」という夢を語ってくれたのでした。それがきっかけとなり、

その子と一緒に、猪肉を使ったジビエバーガーなどの料理を開発し、地元の人にふるまうプロジェクトを開催しました。

その後、小曽根さんが西粟倉村を離れてからも、その小学生は「イノシシ汁定食」を地元の人にふるまうイベントを、なんと一人で実施したそうです。それが成功し、さらに「イノシシのすき焼き定食」を有料で提供するというチャレンジングなイベントも行っているそうです。

「この子がいてくれたからこそ、教育に改めて目がいった」と小曽根さんは話します。そして、彼が持つ食に対する思いと、教育や職業選択に対する思いが合わさり、食育と職育を絡めた「二つのしょく育プロジェクト」を推し進めることができたわけです。彼のこうした活動は、メディアでも紹介され、大きな反響を呼びました。


そんな小曽根さんが2年目に選んだ地域は、岐阜県の郡上市でした。ここでの彼は、少し肩の力を抜いた過ごし方をすることに。学士取得のためにダブルスクールとして学んでいた通信制大学は休学し、地域でのプロジェクトの数も減らしていました。その1年を、期末の発表会では、こんなふうに振り返っています。

「郡上に来てからは、何もしていませんでしたが、思い出に残っていることがたくさんあります。深夜、川に潜って鮎を捕るという〝宵い狩り〟では、川に流されながらも8匹ぐらい捕り、焚火で塩焼きにして食べました。地元の酒蔵の蔵開きに訪れた際は、昼間からお酒をふるまわれ、地元の人たちと語らいました。早朝の出荷に間に合わせるよう深夜から始まる野菜の収穫のお手伝いでは、辛い仕事だなと思いつつ、こういう農家の人たちがいるからこそ、おいしい野菜が届けられるんだという事実に気づくことができました。川に触れ、畑に触れ、さまざまな文化に触れ、改めてプロジェクトをしなくてもいいんじゃないかって思うくらい生活は充実していました」

これまで彼は、ずっと走り続けてきた状態でした。高校時代から、働きながら学んできたこともそう。自立心が強く、「ちゃんと稼げるようになりたい」という思いが常にあり、西粟倉でもアルバイトをしながら、ジビエ料理開発や食育・職育などのプロジェクトも数多く動かしてきました。そのなかで、初めて「もう少しゆっくりしたい」ということを言えるようになったわけです。これは、すごいことです。彼は、こう続けます。

「西粟倉でやっていたプロジェクトが発展し、小学生のみでイベントを運営するまでになりました。それは僕にとっての成功体験で、その感覚を持った状態で郡上に移動したのですが、ここで新たなプロジェクトを動かすモチベーションにはなりませんでした。地域事務局の方とも話をさせていただき、何とか形となるものをつくろうと思っていたけど、一旦手放すことも大事だなって感じたんです。1年目の西粟倉を走りきり、2年目の郡上では少し息抜きしている状態ですが、そのバランスを自分で調整することで、自分の中のワクワクが保たれることもあると思っています。周りに流されず、やるかやらないかも自分で決めて、それに責任を持ってやっていく。そんな覚悟が生まれつつあります」

こうも話していました。

「西粟倉と郡上とを比べてみて、どちらも魅力的だけど、少し違う雰囲気もあります。それぞれの地域を経験したからこそ言えることがあるし、実際に住んでみないと、わからないことだらけ。さとのば大学のある意味って、そこなんじゃないか」と。

彼は今、母校である通信制高校でのラーニング・アシスタントの活動のほか、キャリアアップ教育など、既存の教育にはない課外授業プログラムの企画・運営をオンラインで実施しているようです。

西粟倉村でも郡上でも、まずはアルバイト先を探すことが先決だった小曽根さん。

「今までは、稼ぐこととプロジェクトは別々のものだと考えていたけれど、プロジェクトの一環としてバイトを捉えるようになってきた」

と話します。それがその先、自分の仕事につながっていくような感覚もあると言います。生きることと、学ぶことが徐々につながってきているようです。

地元を離れたことでわかった、長崎の良さ。自分の内面を見つめる貴重な期間

中山珠緒《なかやまみお》さんは、長崎県の大村市出身。3姉妹の長女として育ちました。生まれ育った長崎を離れ、さとのば大学の1年目を宮城県の女川町で過ごしています。今でも長崎が大好きという中山さんは、なぜ遠く離れた女川にやってきたのでしょうか。さとのば大学に入学した経緯を話してもらいました。

「小学校時代、あることがきっかけで、学校が恐怖の対象になってしまいました。自分が劣っていると感じるようになり、外からの要求に応えるのに精一杯で、自分が何をしたいかわからなくなってしまったんです。また、中2の時にクラスが荒れて、私も精神や体調に不調をきたし、学校に行けなくなってしまいました。『他の人より劣っているのに、学校すら行けないのか』って、自分を責めていました。親が、通信制高校に通う生徒の学業面などを支援するサポート校の先生

をしていたことから、私もそのサポート校のお世話になっていました」

転機となったのは、母親と行ったイベントで、核廃絶を訴えるなど平和活動をしている若い女性に出会ったことだそうです。

「自分と年齢もそれほど変わらない方がしっかりと自分の意志を持って行動する姿を見て、自分もこの女性のように、やりたいことを見つけ、自分らしく生きたいと思うようになりました」

その後、通信制高校に進学し、そのままサポート校にも通っていた中山さん。高校3年間はコロナの期間と被っていましたが、地元の陶芸家や書道家の授業を受けたり、ボランティアをしたり、イベントの手伝いをするなど、地域の人たちと関わりながら充実した日々を過ごしたそうです。

「ただ、レールから外れてしまったって気持ちも強くあって、社会でやっていけるのだろうかという不安がずっとつきまとっていました。そもそも地元から出たことがなく、何かをするたび、自分は何も知らないなって気分になっていました。地元は居心地がいいけれど、この環境に甘えていていいのか、という感覚もありました。地元の大学への進学も考えましたが、講義で学んだことを将来に活かせるイメージが持てず、モヤモヤしていました」

そんなとき、高校の先生からさとのば大学の存在を教えてもらった中山さん。「そこなら、学んだことの自分の将来への活かし方がわかるんじゃないか」と思い、夏の体験プログラムの直前だったことから、親を説得し、秋田県の五城目町にお試し滞在することにしました。

「7週間の滞在中、大勢の大人と出会い、さまざまな体験をする中で、それまであった、あれしなきゃ、これしなきゃって焦る気持ちが段々ほぐれてきて、自分が本当にワクワクすることは何かを考えることから始めてもいいんだって気持ちになりました。町の人が、〝さとのばで来た高校生〟ではなく、私を、個人として見てくれたのも嬉しかった。7週間というと長く聞こえますが、体感的には1週間くらい。もっといたい、と思えるほど充実した夏になりました」

秋の高校の文化祭では、そのときの体験を発表。ご両親も聞いていて、娘の成長を感じたのか、翌年のさとのば大学への入学を、すんなり認めてくれたと言います。そして、1年目の移住先に選んだ地域が女川町でした。

「再び、五城目町に行く選択肢もありましたが、私にとって五城目は、第二の故郷のようなもの。いつでも帰ることのできる町に思えたんです。また、五城目と同じように魅力的な場所が、全国にはたくさんあることに気づかされ、もっといろいろな地域を見てみたい、と思うようにもなっていたからです。女川を選んだ理由は、どうせなら長崎から遠く離れてみたかったこと。そして、被災地での町づくりに関心があったからです。というのも、私には、地元の長崎県大村市に大きな被害をもたらした2020年の大雨の記憶がありました。また、五城目町滞在中に見舞われた河川氾濫による水害の際、岩手県大槌町から駆け付けたボランティアの人たちが『震災のときに支援してもらったから、今回は自分たちが手伝う番』と話していたことで、被災地同士のつながりの重要性を感じていたからです」

そうした思いを持って女川にやってきた中山さんですが、半年が経とうとしている今はまだ、具体的にどう活動していいか手探りの状態だと言います。けれど、講義をきっかけに、やりたいことが一つ見つかったと話してくれました。

「実は、五城目や女川で過ごすまでは、『長崎のどういうところが好きなの？』と人に聞かれても、うまく言語化できずにいたんです。けれど、長崎を離れて改めて考えたとき、『周りにいる多くの長崎の人たちが、さまざまな形で私に関わり、支えてくださっていたからだ』ということに気づくことができました。小さい頃から地域行事が多く、地域の大人が小学校に本の読み聞かせに来てくれたり、『子供会をつくりたい』と言えば協力もしてくれました。長崎が大好きなのは、そうした経験があったからです。だから、地元の人に支えてもらった分、与えてもらうばかりではなく、自分にできることで恩返しがしたいと思うようになりました。また、長崎が好きだからこそ、女川の人にも長崎のことを知ってもらいたいし、女川が好きになってきたからこそ、長崎の人にも女川のことを知ってほしいという気持ちが強くなってきました。けれど、どう発信したらいいのかわかりません。そうしたとき、講義でZINE（ジン）の存在を知りました。ZINEとは、個人が自分なりの手法で作る冊子のことで、文章はもちろん、絵や写真を載せるのも自由。私は、講義のノートを取る際、文章より、絵にまとめたほうが理解が進むタイプ。文字よりも絵で伝えることのほうが得意なので、『これ以上に自分に合うツールはない！』と思いました。しかも、それを手に取って喜んでくれる人がいるかも、と思うとワクワクが止まりませんでした。それで、まずは長崎と女川の似ている点など、私なりの視点で二つの町を紹介するZINEを作ることを決めたんです。それを皮切りに、他の地域版を作るなどして、長崎と各地域の架け橋みたいな存在になりたいと思っています」

最初の数カ月の女川での暮らしを振り返ってみると、

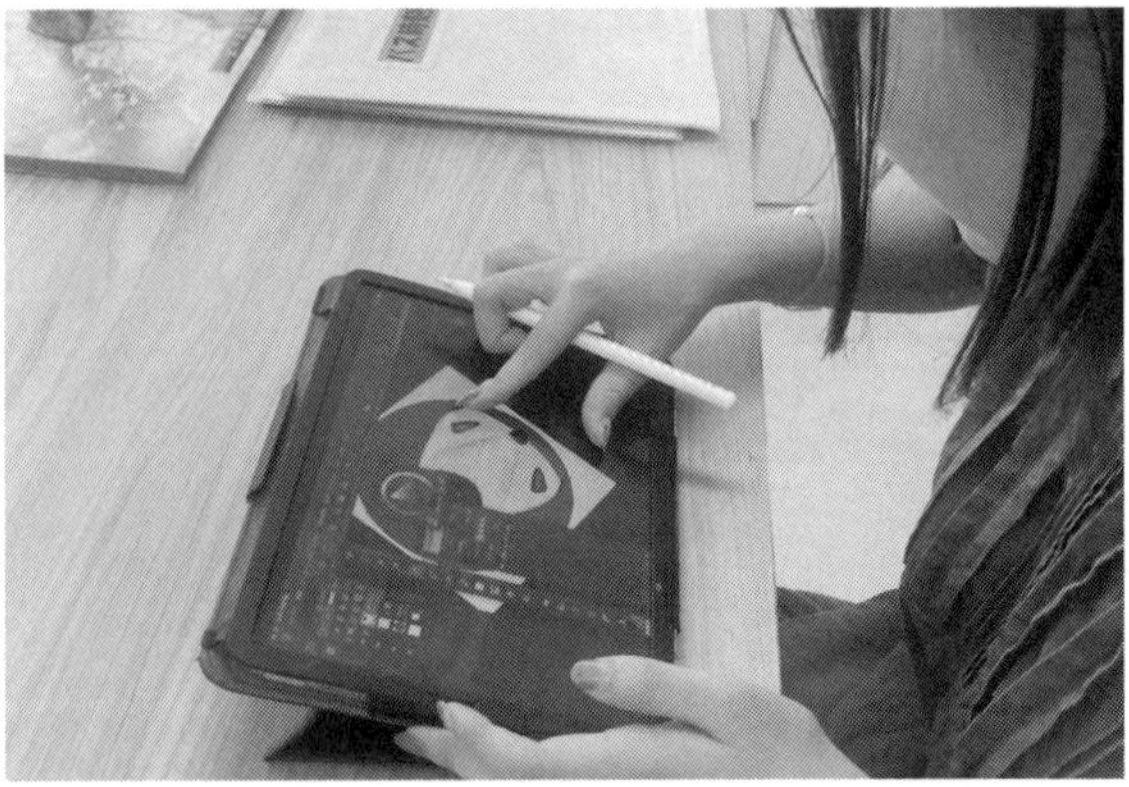

マインド的には頑張りたい気持ちはあり、いろいろやってみたいけれど、むしろ、「これは、今自分がやるべきことなのか」「本当にやりたいことなのか」「そもそも自分ってどういう人間なんだろう」といった、内面を考える期間だったと中山さんは話します。

「さとのば大学では、講義などを通じて自分のことを話す機会が多いんですが、『言いたくないことは言わなくてもいい』とか、逆に、こんな発言したらダメかなということでも『言っても大丈夫』という雰囲気があるんです。安心して喋れる場所であり、だんだんと自分の気持ちを出せるようになっていきました。その分、浮き沈みも激しく、沈んじゃうときもあったんですけれど、そうした気持ちも含めて人に話すことを心がけるようにしたら、立ち直りが早くなって、沈んでもすぐ起き上がれるようになりました。小中高時代は、1回落ち込んだらなかなか抜け出せなかったので、す

ごく成長したなと思います」

中山さんは現在、小中学生を対象とした教育機関でインターンシップをしています。

「私は中学校で不登校を経験しているし、地元では、先輩や大人とばかり関わってきたため、子供と接することは得意じゃないと思っていましたが、変化が生じています。また、『こういうことされたら嫌かな』とか、『この子は何を求めているのかな』って考える、貴重な学びにもなっています。あと、気づいたことがあります。長崎では平和学習が盛んで、特に毎年8月はそうした意識が高まるけれど、県外の子たちは、その感覚があまりありません。反対に、長崎の人たちは自然災害に対する意識が薄いんです。なので、東北の子が平和学習に興味を持つきっかけを与えられたら、と思い話を進めています。被爆地と被災地のどちらも知る人間だからこそできることが、きっとあるんじゃないかと思うので」

自分が本当にしたいことは何かに真剣に悩んだ一年
来年は、めいっぱい、転んでみることに

西村颯真《にしむらはやま》さんは、埼玉県出身。人見知りだけど人が好き。何より人と違うことが好き。かっこよくなりたいと漠然と思っていたそうです。

彼は、2022年にさとのば大学に入学。スポーツビジネスに関心があり、選んだ地域は、スポーツに関する活動が盛んな北海道の名寄市でした。ここでさとのば大学生としての1年目を過ごし、悩んだ末に翌年、スポーツマネージメントの会社に就職しました。

彼は、期末発表会で、自らの一年間を一冊の本に仕立てて、次のような発表をしました。素敵な発表でしたので、整理したうえで掲載させていただきました。

プロローグ

この本は、信岡さんに出会い、さとのば大学に入学したことから始まります。今思えば、入学を決めた理由は、身分がないギャップイヤーを怖がり、挑戦を忘れたことから。

ただ、プロジェクト型学習に興味をもち、響きのかっこ良さに惹かれ、「とりあえず入ってみれば自分の中の何かが変わるのではないか」という期待も持って入学しました。やりたいことがないわけではないけど、特にやりたいことはない。そんな気持ちでした。

第1章・無計画

僕が選んだのは、北海道の名寄でした。理由は、「スポーツが好きだから」というのはもちろん、「北海道」「1番遠い」「周りとは違う」「かっこいいんじゃないか」という思考でした。スポーツ関係のことはやりたかったけど、特にこれと言ってやりたいことはない。

この無計画から始まった1年は、自分が想像していたより遥かに濃い1年となりました。名寄での生活は、なんとなく楽しかった。とりあえず誘われたことにはすべて参加し、地域のイベントにも参加し、スポーツボランティアをしたり、地域の人と一緒にご飯に行ったり、大学生と遊んだりもして、特に不満なく過ごしていました。しかし、この不満のない生活はずっと続くわけではありませんでした。夏休みが終わった後、僕の名寄への気持ちは大きく変わっていました。

第2章・迷走

夏休みは今までで一番充実していました。関東の地元で、やりたいことがある仲間と出会い、未来を語り合い、そして夏休みの終わりにはみんながそれぞれの方向へ進んでいく。その中で「自分は今、何ができているんだろう？」と考え続けていました。「この半年で成長できたのだろうか」「成長している人たちが周りにいる環境の方が良いのでは」「自分のやりたいことは何なのか」「さとのばにいる意味って何なんだろう」と。正直、ここにいる意味がわからず、成長できていない自分を、地域のせいにさえしていました。ただ、このまま落ちたままでいたくはなく、何かを変えなくちゃいけないと思っているものの、気持ちは沈み、食生活に支障をきたすほどでした。

第3章・前進

名寄に戻り、数カ月が経ち、いまだ自分が何をしたいかわからない状態が続いていました。しかし、せっかくの、さとのばでの生活を無駄にはしたくないという思いで、「自分は何になりたいのか」を自問自答し続けました。

その結果出た答えが、「自由になりたい」でした。自由に生きている人はかっこいい。だから、自分も自由になって、かっこよくなりたい。そのために必要だったのが、自分の本当にやりたいことを見つけること。とりあえず、今いる環境で、全力でできることをしよう。その中で見つけた答えが、今の自分にとってやりたいことではないだろうか。

それまでマイナスのことばかり考え、やりたいことよりも、なぜできなかったかを考えていました。自分にとって、この切り替わりは大切な意味がありました。

僕にとって、この1年は、「ギャップイヤーを取らない選択から始まったギャップイヤー」だったと思います。ギャップイヤーは、合法的に、そしてかっこいい名前をもらい、自分と本気で向き合える期間だと思います。僕にとって、まさにそれが今年でした。

自分から逃げることもできず、自分と向き合い、やりたいことを本気で自分に問いかけ、悩み、学ぶ意味さえも一瞬は見失った中で、自分で舵を取らないと何も進まない1年。今まで「楽しい風」に流されながら生きてきた自分が、風のない場所に置かれ、自分で船を漕ぐしかない環境で過ごすことのできた1年は、間違いなく最高のギャップイヤーだったと思います。そして、このギャップイヤーを終え、僕はようやく自分が決めた道を進みます。

最終章・これから

ここからは、僕の次の本に書かれるであろう内容です。僕は来年から「なんでも代理人」を目指し、スタートします。2023年、Zoomで最初に話したのは、スポーツマネージメント会社の社長でした。伝えたのは「働かせてください」という言葉。とにかく経験が積みたい。スポーツ代理人という職業を知りたい。これから1年は、アスリートをエンパワーメントする会社でインターンします。

今までは、やりたいことがわからなくて何にも挑戦できなかったのが、自分に向き合い続けるなかで、多くのなんとなくやりたいことが研ぎ澄まされて、本当にやりたいことになったからこそ踏み出せた一歩だと思っています。

2023年はたくさん挫折すると思います。むしろ挫折をしたいです。挫折をしたということは、挑戦しているということだから。今の僕にとって挫折は「どんとこい」。自分には悩む力もあるし、悩んで解決することもできる。その自信はこの1年で嫌というほどつきました。

それに、困った時は助けてくれる人がたくさんいるということも今年知りました。

かっこいい自由人になるために、僕は挑戦を通して一つの軸を太くしていきます。そして、いつかどんな人でもエンパワーメントできるような「スーパーなんでも代理人」になります。

今の僕にとって、この宣言はまだファンタジーでフィクションかもしれない。でもこれから、エッセイに変えていきます。なぜなら、ここに書いた物語は、以前の僕にとってフィクションだったから。でも今それは現実であり、大切な思い出になりました。この話を聞いた高校3年生の僕は驚くし、疑うでしょう。同じように、来年の僕は、今の僕が信じられないようなことができているかもしれない。ならば、自分自身をもっと驚かせるために挑戦するしかないと思います。不安はあります。ただ、それ以上にワクワクしています。

最後に1年間を通して関わってくれたすべての人に感謝を伝えたい。ありがとうございました。この本は、関わってくれたすべての人のおかげで完成することができました。よかったら、この本の続きを、これからも少しだけ気にかけてください。

最後に、名寄だからこそ気づけた話をして終わろうと思います。僕はこれまで、雪で転ばないように歩いてきました。でも昨日初めて、雪かき中に思いっきり転んでしまいました。そしたら、想像していたより全然痛くないし、転んでもすぐ立ち上がれました。転んでできた雪の跡も、1時間後には新しい雪で見えなくなっていました。これまでこんなに転ぶのを恐れ続けてきたのがほんの少しバカらしくなりました。転んだ経験をしたことで、転ぶことへの恐怖心も減ったし、転んだ跡だってすぐ消えるなら、なんなら全然転んでもいいんじゃないかなとさえ思いました。

だから、来年1年は、目いっぱい転んでみようと思います。僕にとって転ぶのは簡単なことじゃないです。怖いです。ただ、少しだけ転ぶのも頑張ってみようと思います。

（学生の情報は、すべて取材・発表時点のものになります）

第3章

さとのば大学とは？

在校生・卒業生のストーリーをお読みいただき、いわゆる普通の大学における学びとはずいぶん様子が違うぞ、と思われた方もいるかと思います。「これは学びなのか？」と思われた方も。

そこで本章では、「学び3・0」の考え方をベースに、第1章で触れた「地域」という魅力的なフィールドを活かしながら、第2章に出てきたような学生の学びや成長を支えるために、さとのば大学がどのような場づくりを行っているかを紹介させていただきます。

さとのば大学は、4年間で日本全国4つの地域に1年ずつ暮らしながら、自分で立てたテーマに現地の人々と共に取り組む「プロジェクト学習」と、地域共創領域のトップランナーである講師陣や在校生との授業や対話による「オンライン学習」を行き来しながら学ぶ、新しいスタイルの大学です。

2019年に社会人向けの市民カレッジとして設立し、2021年からは通信制大学とのダブルスクールで学士の取得を目指せる4年制プログラムもスタートしました。現在、日本のなかでも先進的で特色のある地域づくりを行っている15の地域と連携しながら、多彩な学びの環境づくりを進めています。

その特徴について具体的にお話ししていきましょう。

「未来に向けて前向きなチャレンジが起こっている地域」を巡りながら学ぶ

さとのば大学には、通常の大学には必ずある校舎がありません。あるのは、地域創生の最先端である日本全国のフィールドと、各地で共に学ぶ仲間の存在です。

都市に拠点があり、たまに地域を訪れるのではありません。1年間、実際に地域の中で暮らし、地域の人と一緒にプロジェクトを行うことを通じて学んでいきます。アルバイトを選ぶにも、農業や観光など地域の特徴が表れますし、寝るにも季節によって虫が出たり、寒かったり、環境が変化します。極端に言えば、24時間365日、暮らし全体が発見と学びの機会になるわけです。

しかも、実施するのは与えられるプロジェクトではなく、自分自身で考えるプロジェクト。地域の課題に当事者として本気で向き合うことで、また、実際に自分の手や足を動かすことで、生きた実践力が身についていきます。

さらに、1年ごとに別の地域に移住することで視野を広げていきます。さまざまな人の営みを直接目にすることで、「正解は一つではない」ことも実感するでしょう。旅をするように日本各地を巡り、今まで知らなかったものを見て、聞いて、触ることで、自分にとっての「正解」の見つけ方を学ぶことができます。

さらに、地域という〝顔の見える社会〟の中で、他者を通じて自分を見つめなおすことになります。そうすることで、自分は何に本当に興味があり、どんなことが得意・不得意で、どんな人間なのかが、少しずつ見えてくると思っています。さとのばで1年を過ごした後の発表では、「地域のことを知りたいと思っていたが、地域に出ると、すべてが鏡のように自分に返ってくる。外ではなく、自分自身の内面に向き合い続けた1年だった」と話してくれる学生もいました。

生きること＝学ぶこと

高校までの学校教育は、「生きる」とか「働く」ことと、「学ぶ」こととの関係を一旦横に置いておいて、まずは既存の学問領域を体系的、効率的に学べるようにつくられています。

そのため、ともすれば〝学びのための学び〟〝箱庭的な学び〟になってしまいがちです。学ぶことと生きることが必ずしも連動しているわけではなく、

「ここで学んだことを、将来、何らかの場面で使えたらいいよね」

という具合に、あくまで「学び」が先にあるわけです。

一方、さとのば大学では、「生きる」が先にあります。生まれ育った居心地の良い土地を離れ、

新しい環境で生きていくなかで、「この辺どうにかならないか」とか「こんなことしてみたい」といった願いが、大なり小なり生じます。

その願いを叶えるためには一人ではできないことも多いため、自然と複数の人を巻き込むプロジェクトに発展していきます。

すると、その過程で、知りたいことや今の自分に足りないこと、身につけたい力が次々と浮かんでくる。そのときに初めて、「学び」は本質化すると考えています。

例えば、同じ経営学を学ぶにしても、経営学の歴史や理論を、座学でひも解くのではなく、まずは現場に出てやってみる。イベントで屋台を運営する程度のことからでいい。まず、身体を動かすことから始める。得られる情報量は、前者のほうが大きいかもしれません。けれど〝筋肉〟が育つのは間違いなく後者です。

繰り返しますが、実際のプロジェクトを通じて多様な人と何かを共創していくプロセス自体が、人生において学びが最も大きくなると、私は確信しています。

逆に言うと、社会と接続して生きていることの実感値なしに、本質的なプロジェクトや共創は生まれないとも思います。

自分の思いや願いを起点とする、マイプロという学び

ということで、さとのば大学では、プロジェクト学習をカリキュラムの主軸としています。学習者が自ら問題を発見し、解決することを重視した能動的な学習方法です。

「学び1・0」的な学習に慣れている私たちはつい、すぐにどこかにある答えを探したくなりますが、「これが答えだ」と結論を急ぐ学習ではなく、「そもそも何が問題だっけ」と、自分たちで問いから考え、「何ができれば答えになるのか」と本質に迫り、そこから解決の仕方を考え、実際にやってみるということを大切にしています。

なかでも、本学の名誉学長（Chief Co-Learner）を務める井上英之が、慶応義塾大学湘南藤沢キャンパス（以下、ＳＦＣ）でゼミを持っていたときに取り入れ、その後全国に広まった「マイプロジェクト」（以下、マイプロ）の考え方を取り入れています。マイプロとは、誰かに頼まれたからではなく、個人的な問題意識をきっかけに、自ら進んで企画したプロジェクトのこと。

一般的なプロジェクト学習との違いとしては、

●ゴールとなる〝ほしい未来〟も自ら探し、

●リソースも自ら発掘し、
●一歩目を踏み出すタイミングも自分次第

というもの。自分の思いや願いを起点としてプロジェクトを立ち上げていくことが必須です。自分の関心事からスタートするという意味で、「マイ」と付けられていますが、自分一人で完結するプロジェクトは少なく、周囲に思いを語り、輪を広げていきながら、「そもそも自分は何を求めていたのか」「そもそも他者は何を求めていたのか」という深い振り返りを何度も繰り返し、次のアクションへとつなげていきます。

プロジェクト学習は、社会実験の一つ手前にある練習台

さとのば大学では、現実の課題解決を目指したプロジェクト学習を重視しています。

私自身、学生生活を振り返ると、大教室で学ぶ講義は好きではありませんでした。数学にしても経営学にしても、実社会で何に使えるかよくわからないことは、あまり頭に入ってはきません。けれど、社会に出て、会社をつくったときは、そうはいきません。自分で決算書類を作成しなくてはならない、となったら必死で学ぶじゃないですか。

そうやって、「学ぶ」と「やってみる」をセットで体験的に学んだほうが圧倒的に学びの質は高まるし、吸収するスピードも速い。そして、できることが一つずつ増えていくことを楽しみながら学ぶこともできる。

それが、プロジェクト学習を柱に据えている、一つ目の理由です。

もう一つは、「これからの社会で必要とされる力って何だろう」という問いに対する答えがここにあるから。

コロナが典型ですが、世間的な評価が高く、安定的と言われてきた企業や業界、職業の価値が、外部環境の変化によって、一瞬にして下がってしまう様子を、近年、私たちは目撃してきました。誰かに雇用されるためだけの知識やスキルは、何の役にも立たなくなっていくでしょう。

一方、「仲間と共に社会を変える」とか、「未来を自分たちで創造する」といった、変化に対応したり、それをコントロールするための能力は、ますます求められていくはずです。

でも、いきなり社会を変えると言っても難しい。そのためには、まず、小さな実験から始めないといけません。

例えば、ベーシックインカム※という新しい制度を考えるとき、月5万円を支給するのか、15万円なのか、30万円なのかでは、効果は大きく変わってくるはずです。そのため、いきなり全体でやるのではなく、小さな実験を繰り返すことで、「これではダメなんだ」「こうすると良かったの

※全国民に一定の金額を支給する最低生活保障

では」など、わかってくることがたくさんある。そういう実証実験を経て初めて、社会システムとして実装されるわけです。

私たちがしているプロジェクト学習は、そうした社会実験の小さなものというイメージです。それでも学生は、小規模のプロジェクトを回すだけでも実際には難しいことに気づくはず。

例えば、住んでいるシェアハウスを自分たちで運営するという数人のプロジェクトでも、いろいろなトラブルが起こるわけですから。しかし、そうしたことが体感できることも収穫です。住人同士でミーティングをするだけでも、ガバナンスの練習になるというもの。

そうした実証実験の練習が、絶妙なサイズ感でできるのが地域社会だと思います。

「何も起きないこと」のリスクと責任

有機・無農薬野菜の流通を手掛けている企業の方が、嘆いていました。無農薬野菜の市場に買い物に来て、「この野菜に、虫はついていないですよね」と聞いてくる方が、たまにいるのだとか。無農薬で栽培した野菜に、虫がついているのは当たり前。むしろ、虫が食べるほど安全で、美味しい証です。けれど、「虫がついている＝食品衛生上ＮＧ」という安全保障をしてほしい消費者からすると、無農薬といえども、虫がついている野菜を販売するのは無責任だというわけです。

今、同じことが学校教育の世界で起きているような気がしています。

本来、社会で生きることって、とても難しく、リスキーなこと。だからこそ
「その困難な社会を生き抜くための力を学校にいるうちにつけましょう。そのためには、失敗も大いに経験しましょう。ときには、学校外の人とも協力して、多少のリスクは伴うかもしれませんが、リアルな学びをしていくことが大切ですよ。でないと、これからの正解がないと言われる社会では生きていけませんから」

というのが、今の教育改革の流れであるのに、一部の保護者からは、

「そんな難しいことをやらせて、もしうまくいかなかったらどうするんだ」

「そんなことに時間を使っていて、志望校に合格できるのか」

と、リスクヘッジや結果の担保を求められてしまう。

多数派ではないのかもしれませんが、そうした大きな声を前に身動きがとれずにいるというのが、今の学校の一面ではないでしょうか。

そうした声は時折り、さとのば大学にも届くのですが、私たちは、「何かあったらどうするんだ」という批判に対して、こう答えたい。

「逆に、何も起きないまま卒業するのもリスクではないですか。これから不安定な社会に出ていくのに、失敗も経験しないで送り出すことが正しいのでしょうか？　例えば大手企業に就職でき

たとして、それ自体は喜ばしいけれど、仮にその会社が倒産し、その子の生き抜く力が未熟なまま、社会に放り出されたらいったいどうするのでしょう。学生のうちにこそ、むしろいろんな失敗を経験して、自分はそこから起き上がれるんだという自信を身につけることが必要。どうかその機会を、取り上げないであげてほしい」

そういう思いでさとのば大学はつくられているため、学生が行うプロジェクトについて、失敗しないよう先回りして手助けすることはしません。関わる人に大きな迷惑をかけたり取り返しのつかないことにならないようにケアしながら見守り、むしろチャレンジの結果として起こった失敗も周囲と共有し、振り返って、次に生かすための対話を行うことを大切にしています。

成功も失敗も同じように貴重な経験としてみんなで共有することで、自分だけでなく他の人の経験からも学ぶことができ、また「自分ならどうする？」をみんなで考えることで異なる考え方や対処方法にも気づき、複眼的思考が身についていくと考えています。

同様に、さとのば大学では教員も職員も、学生に「何かをさせる」「何かをしてあげる」という発想で動いてはいません。あくまでも、学生自らが一歩を踏み出せるような場づくりや、そのサポートを行うというスタンスです。プロジェクトについても、こうしたほうがよい、正しいとは決して言わない。見えてないところを可視化するなどして、学生自身が選択可能な状況をつくっていくことを意識しています。

ですから仮に卒業時に聞いても、

「さとのば大学の先生に、こういう力をつけてもらいました」

と発言する学生はほぼいないと思います。誰かに何かをしてもらうという発想を卒業し、ほしい未来に向かって自分たち自身で動き出す。そのための力を、自らの手で獲得してほしいと思っています。

このことに関連して、ひとつ好きな詩を紹介させてください。

人々の中へ(Go to the people)という晏陽初《あんようしょ》さんの詩です。彼は1920年代に中国で平民教育運動を行ったり、農村復興に尽力した人です。彼が町やいろんな住民と関わるときに大切にしていた考え方が、一篇の詩になっています。

人々の中へ行き
人々と共に住み
人々を愛し
人々から学びなさい

人々が知っていることから始め
人々が持っているものの上に築きなさい

しかし、本当にすぐれた指導者が
仕事をしたときには
その仕事が完成したとき
人々はこう言うでしょう
「我々がこれをやったのだ」と

すごく好きな詩です。学びの場を創るものとしても、「我々がこれをやったのだ」と学生が成長していったときに言ってくれるのなら、それが一番なのかもしれません。

多面的な成長実感を得ながら学ぶ

さとのば大学には、テストがありません。なぜなら、人間力や課題解決力、プロジェクト実行力といった、これからの社会で大切になってくる能力は、テストの点数では測れないからです。

一方で、地域社会に出ると、「早起きが得意」「美味しいご飯が作れる」「人の気持ちによく気がつく」「ネジを回すのが上手い」「絵が上手」など、さまざまなことで評価されることに気づかされます。しかも、「野菜を分けてくれてありがとう」「車で送ってくれて助かる」など、普段の暮らしの中で感謝したり、されたりする場面も少なくありません。

これまで、成績や偏差値といった学業や、部活動の実績、あるいは外見など、極めて限られた軸でしか評価されてこなかった環境を離れ、もっと多面的に評価されるべきだと考えています。

そこでさとのば大学では、テストがない代わりに、折に触れてリフレクション(内省・振り返り)や、関わった人たちからのフィードバックを通じて、自らの成長や進化を実感できるような補助線をたくさん設けています。そのときのひとつの指標が、私たちが「SATONOVA WAY」と呼ぶ、未来共創のための4つのアプローチと16のコンピテンシーになります。

目指したい人物像と、未来共創のための4つのアプローチ

お話ししてきたような特徴のある学びを通して、さとのば大学が育成したい人物像として、「未来共創人材」を掲げています。

それは、〝わたし〟に根ざし、〝わたしたち〟として、地域から、「ほしい未来」を共創していく人。

そして、未来共創の土台として「Ｉ（わたし）／ＷＥ（わたしたち）」「内向き／外向き」という2軸をもとに、

❶自己理解＝Ｉ×内向き
❷価値編集＝ＷＥ×内向き
❸未来構想＝Ｉ×外向き
❹共創実践＝ＷＥ×外向き

という4つのアプローチで整理し、「SATONOVA WAY（下図）」としてカリキュラムデザインの柱としています。

❶〜❹それぞれの説明に入る前に、まずは考え方の基盤となる2つの軸について、紹介させてください。

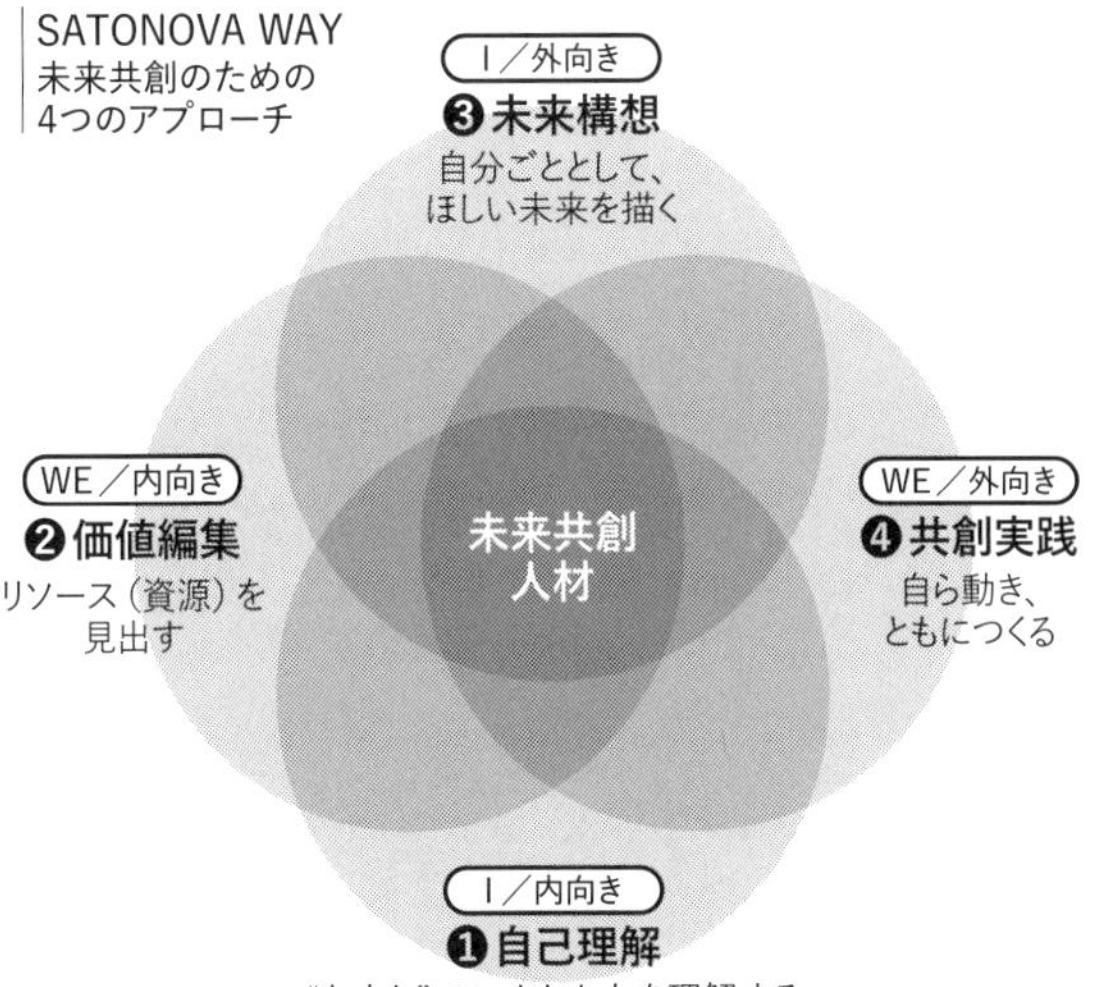
“わたし”のいかしかたを理解する

⦿I／WE 軸とは

対話やリフレクションを繰り返すなかで、〝わたし〟の範囲が広がり、だんだん〝わたしたち〟になっていく。エゴイストのように自分の意見を押し付けることもなく、かといって、事なかれ主義者のように自分の意見を押し殺すでもない。自分のことを理解する方法を知っているからこそ、他者の背景を理解しようとすることができる。

一人ひとりの問題意識は、システム全体の問題の反映であることを自覚し、より大きな視点で解決策を考えようとする。それぞれに強みや弱みがあるからこそ、自力と他力を掛け合わせて、一人ではできなかったアイデアを実現できる。わたしは、わたし。わたしは、わたしたち。

⦿内向き／外向き 軸とは

植物が成長に合わせて、しっかりと根を張るように、外に向かうためには、内向きに力を蓄える必要がある。ソーシャルイノベーションの理論として知られるU理論では、「変革者としての我々の行動が成功するか否かは、何をするか、どのようにするかではなく、どのような内面の場から行動するかにかかっている」と指摘している。何かを形にしようとするとき、無意識の価値観やメンタルモデルといった内面の場が投影されていくとすれば、そのパターンに自分自身が気づいていることが重要になる。「わたしはどんな可能性を秘めているのか」「わたしたちの手元には、すでに何があるのか」。⬇（内向き）の質が、⬆（外向き）の質を決める。

これらの2軸は二項対立ではなく重なり合い、順番に起こるものではなく同時に起こっています。この2軸のバランスを保ってこそ、未来共創人材として、自分や他者、地域の資源を活かしながら、多様なステークホルダーと共にこれからの社会をつくっていくキーパーソンになっていくと考えています。

続いて、この2軸の組み合わせによる、4つのアプローチについて解説したいと思います。

❶自己理解＝Ｉ×内向き

プロジェクトのブレない土台となる〝わたし〟の活かし方を理解する。他の誰でもない、〝わたし〟を生きることを、自分自身で決めることから、さとのば大学ははじまる。誰かの言葉を借りるのではなく、自分が経験したことを、自分自身の言葉で話せるようになっていく。豊かな関係性の中で自分も生きている、あるいは生かされていることを理解し、ご縁を味方にしながら大きな流れに乗っていくことも大切にする。自分の強みと弱みを知り、得意な表現方法を伸ばしていく。自信がなくなったときは、他者を頼ると同時に、自分で自分のことを思いやり、頑張りすぎているときは、しっかりと休息する。

関連する4つのコンピテンシー

①〝わたし〟を生きることを決意し、自分自身の言葉で話す力
②関係性の中で生きていることを理解し、ご縁を味方にする力
③自分の強みと弱みを知り、得意な表現方法を伸ばす力
④自分のことを思いやり、しっかりと休息する力

❷価値編集＝WE×内向き

プロジェクトを動かすエネルギー源となるリソース（資源）を見出す。ないものねだりではなく、すでに手元にあるリソースに注目し、プロジェクトに活かしていく。「あそこで、こんなことができないかな」というユニークな発想で、手つかずのソース（源）を、使えるリソース（資源）へと転じていく。「実はこんなことが得意」と「実はこんなことに困っている」をつなげ、貢献し合える関係性を育むことで〝わたしたち〟の可能性は広がっていく。そして、〝わたし〟の成長だけでなく、一人ひとりの成長や変容を見守り、認め合うことで、〝わたしたち〟にできることはますます増えていく。

関連する4つのコンピテンシー

①すでにあるリソースに注目し、プロジェクトに活かす力
②ユニークな発想で、秘められたリソースを見出す力
③関わる人たちの可能性を引き出し、貢献しあう関係性を育む力
④仲間の変容を見守り、コミュニティの成長を祝福する力

❸未来構想＝I×外向き

プロジェクトが目指すべき北極星としての〝ほしい未来〟を描く。好きなことが人それぞれあるように、モヤモヤを感じることも人それぞれ。そしてモヤモヤの奥には、一人ひとりが大切にしたいことが潜んでいる。モヤモヤを〝わたし〟の願いとつながるメッセージだと受け止めて、蓋をするのではなく、それに気づいて味わってみる。嘆きたいときは嘆き、ネガティブな感情を落ち着かせることができたら、その奥にある願いを掘り下げていく。それは、決して自分一人だけのことではなく、他の人にとっても心当たりのあることだったりする。そうして、より大きな問いやテーマとして広がり、その思いを語ることで、自分ごととして共感する仲間が増えていく。

関連する4つのコンピテンシー

①社会に対するモヤモヤに気づき、受け止める力
②モヤモヤの奥にある願いやニーズを掘り下げる力
③自分の願いを、より大きな問いやテーマに育てる力
④思いを語り、自分ごととして共感してくれる仲間を集める力

❹共創実践＝WE×外向き

本質的な解決策を探究し、プロジェクトを実践する。自分一人では見えていなかった観点や可能性に気づかせてくれる他者と共に、自力と他力でアイデアを出し合い、最初の一歩を踏みだす。実現するために足りない視点やスキルがあると気づいたときは、自ら学びにいく。失敗は当たり前と知っているからこそ、想定外のことと向き合い、しっかり凹んだ上で、粘り強くプロジェクトを進める。そして仲間と一緒にリフレクションを繰り返し、「本当は何がしたかったのか」「本当は相手は何がほしかったのか」を掘り下げ、気づきや学びを次の一歩に活かしていく。

関連する4つのコンピテンシー

①自力と他力でアイデアを出し合い、最初の一歩を踏み出す力

②足りない視点やスキルに気づき、自ら学ぼうとする力
③想定外のことと向き合い、粘り強くプロジェクトを進める力
④仲間と一緒に対話し、気づきや学びを次の一歩にいかす力

4年間の流れ

さとのば大学の4年間の大まかな流れは、次の通りです。

▼1年次

「車がなくても活動できる」など一定の条件を満たした、一年生受け入れ地域へ移住。初めての地域暮らしに慣れていくことからさとのば大学が始まる。オンライン講義では、地域共創をはじめとするさまざまな分野で活躍する講師陣が、学びの場をファシリテート。アイデアの発想方法や気づきを学びに変えるリフレクションなど、さとのば生としての基礎力を身につけながら、マイプロジェクトの始め方を学ぶ。

▼2年次

〝森林〟、〝教育〟、〝観光〟など、1年次の活動でより興味を持ったテーマを軸に地域を選択し、再び移住。2年次では、商品やサービスのプロトタイピングを通じて、プロジェクトの続け方や共感の広げ方を試行錯誤しながら学ぶ。

▼3年次

起業家や地域コーディネーターなど、将来の成長スタイルを軸に地域を選択し、3回目の移住。プロジェクトマネジメントやクラウドファンディングなどの授業を通じて、マイプロジェクトをより発展させ、一人ではなくチームで運営したり、収益化する方法を学び、

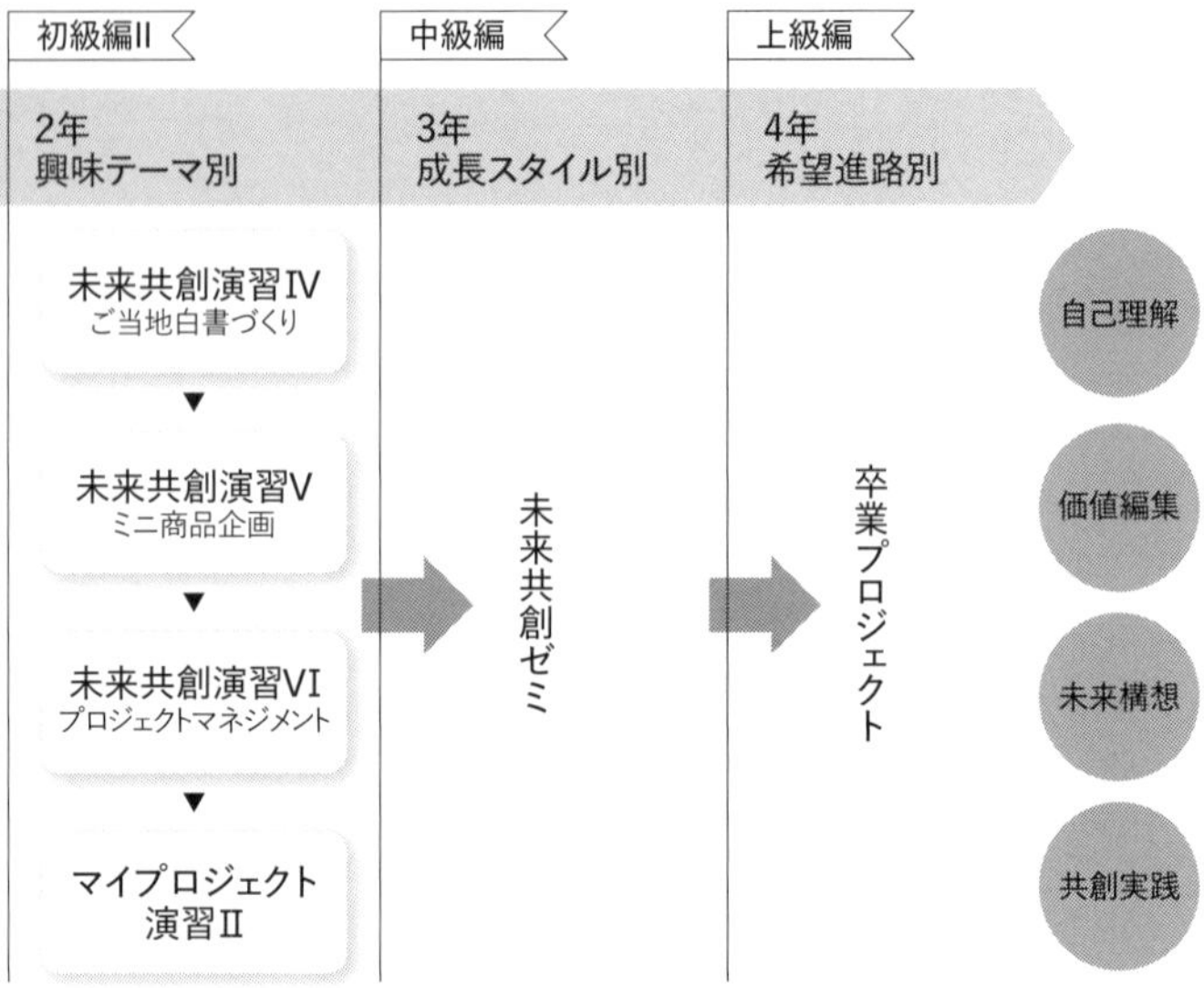

具体的に形にしていく。

▼4年次

連携地域にかかわらず、地元も含めて自分がこれから関わっていきたい地域を選択し、最後の移住。起業や就職など、自身の力が発揮できるキャリアプランを描きながら、3年間の学びの集大成として「卒業プロジェクト」に取り組む。

さとのば大学では、4年制の「旅する大学コース」以外にも、大学生や社会人などを対象としたコースも設けています。(2024年2月現在)

▼ギャップイヤーコース(10カ月間)

進路を模索中の方、他大学を休学中の学生、転職前の社会人などを対象とした1地域への留学コース。大学での学問を、現場での実践から捉え直して結びつけたい方や、何らかのプロジェクト計画を持っていて試してみたい方、新たな視野を拡げたい方などにおすすめ。

▼マイフィールドコース（8カ月間）

地域おこし協力隊、地域コーディネーター、地域づくりプレーヤーなど、既に地域に在住している方が、今いるフィールドでの思考を深めるための半年間のオンラインプログラム。（地域留学なし）

サポート体制

初めての地域に一人で飛び込み、不安になることもある学生のために、大きく2つのサポート体制を敷いています。1つは、学生が暮らす地域にいるコーディネーターによるメンタリング。もう1つが、オンラインでつながる学習コミュニティによるサポート。地域コーディネーターや講師陣、ラーニング・アシスタントなどが、さまざまな形で学生の学びの最大化のために伴走しています。

▼ワン・オン・ワン ミーティング

悩みを一人で抱え込まないよう、講師や地域コーディネーター、事務局スタッフと1対1で相談する「ワン・オン・ワン ミーティング」の時間を定期的に設けています。プロジェクトの状況を把握し、解決方法を考えたり、次のアクションについて一緒に考えたりします。

▼ラーニング・アシスタント

オンラインでの学び合いの場を支えるのが「ラーニング・アシスタント」です。講師と学生の間に立ち、授業のサポートをしながら、学生が自分らしくある場づくりを行います。

▼地域コーディネーター

プロジェクトを考える際のメンターをしてくれたり、地域との接続を手伝ってくれたりと、学生に寄り添う「地域コーディネーター」が各地域に常駐しています。

全国に知られる小さな自治体。15の連携地域

さとのば大学は、２０２４年1月現在、15の地域と連携しています。一部の都市を除き、人口は数万人ほどで、１万人以下の地域も少なくありません。連携先を決める際は、私自身、島根県海士町で過ごして以来、これまで交流を深めてきた２００近くの自治体の中から、特に以下の条件を考慮しています。

①町として前向きなプロジェクトを多く起こしている。
②受け入れ事務局になってもらえるチームがある。
③チームと行政の連携がうまくいっている。
④住居が確保できる。

地域創生の文脈でも全国に知られている、これら15の連携地域について、その魅力とともに、町が抱える課題についてもご紹介します。

北海道名寄市

北海道の北部に位置する人口約2万5000人の中核都市。夏と冬の寒暖差が約60℃。夏はひまわりが咲き誇り、冬は幻想的な雪景色に包まれる。雄大な自然に囲まれながらも商業施設や文化施設などが揃い住みやすい。大学もあり、さまざまな年代との関わり合いがある一方で、20代から30代前半で転入者より転出希望者が多い現状も。

秋田県五城目町

秋田県中央に位置し、5月頃まで雪が残る豪雪地帯でもある。520年以上の歴史を持つ五城目朝市が町のアイデンティティ。若手の出店やチャレンジを応援する「ごじょうめ朝市plus+」も開催。人口1万人足らずで高齢化率は41%。人口減少、担い手不足などの課題解決を目的に、2015年には秋田県全土で起業家育成プログラム「ドチャベン」がスタート。

宮城県女川町

宮城県の東、牡鹿半島基部に位置する水産業の町。東日本大震災によって町の約8割が壊滅し、2015年には人口減少率が日本で最も高いエリアになったが、今、若手中心に民間主導の町づくりが進められている。コンパクトシティを掲げ、必要な施設や機能が町の中心部に集まり、自然に交流が生まれるよう設計。海の見える地域造成や公民連携での取り組みが評価され、2017年に都市景観大賞・都市空間部門最高賞、2018年にはアジア都市景観大賞にも選出された。

福島県南相馬市

雪はほとんど降らず、夏は太平洋から吹くやませの影響で過ごしやすい。毎年7月には国指定重要無形民俗文化財に登録される相馬野馬追《そうまのまおい》で賑わう。小高地区は、東日本大震災と原発事故の影響により、一時は人口がゼロになったエリア。急激な人口減少、少子高齢化などの課題に直面するも、ゼロからの町づくりに取り組む機運が生まれ、小さくも多様なプロジェクトが進んでいる。

埼玉県横瀬町

秩父地方のシンボルである武甲山の麓。都心から約70分でアクセス可能でありながら、山に囲まれた豊かな自然と、人口約7500人というコンパクトな町ならではの人のつながりが魅力。「人口が減っても機能する町づくりとは何か」。そんな課題のもと始まったのが官民連携プロジェクト「よこらぼ」。町外から人・モノ・金・情報を引き込むことで新たな事業や挑戦を創出。130近くのプロジェクトが実践され町に大きな変化をもたらしている。

石川県加賀市

1300年の歴史を誇る加賀温泉郷ほか、北前船の船頭が集住していた橋立地区や、旧北国街道の宿場町として栄えた動橋地区、城下町の大聖寺地区など多様な町も。市内127町で獅子舞の文化が継承され、預金講といった集まりが現存するなど多様な共助の形と自治の精神が残る。山から海までの距離が近く、冬は雪が降り夏は海を楽しむなど四季が強く感じられる一方、大学がなく高校卒業後の人口流出が激しいのが課題。

石川県七尾市

能登半島の港町。かつては北前船の寄港地として栄え、さまざまな文化が交じり合いながら、人と自然とが共に生きる循環の仕組みを育む。「能登の里山里海」は日本初の世界農業遺産に認定。棚田が美しい里山の景観、海女漁など里海の資源を活用した伝統技術が受け継がれている。5月に行われる青柏祭の曳山行事は千年以上の歴史が。一方で高齢化が進み、人材不足が問題に。令和6年能登半島地震による深刻な被害からの復興が急務。

長野県長野市

長野県北部に位置する人口約36万人の県庁所在地。東京駅から新幹線で約1時間半というアクセスの良さもあり、都心部からの移住先としても注目を浴びる。1300年続く善光寺を中心とした昔ながらの風景と、近年盛り上がりを見せるエリアリノベーションにより、過去と現在が共存する街並みが特徴。さとのば大学の取り組みでは、街の中心となる長野駅から善光寺エリアでの生活を軸に学びの場を展開する。

岐阜県郡上市

岐阜県中央に位置する郡上市は、日本三大清流の一つ長良川が町を流れる水の町。夏には朝まで徹夜で踊り続ける郡上踊りが有名で、ユネスコ無形文化遺産に登録される。高低差1800メートルという地形は車が必須。ショッピングモールや映画館などの娯楽施設はなく、大学もないため若者世代が少ないなど、「無いもの」はたくさんあるが、代わりに里山資源を活かしてビジネスに取り組む起業家は多い。

京都府内各地

言わずと知れた古都、京都。経済的に発達している一方、昔ながらの顔の見える人間関係や土着的な小さなコミュニティも数多く残り、都市と田舎が共存する。寺社仏閣をはじめとする伝統文化を守り、次世代につないでいくための活動をされている人が多いものの、京町家が一日に2軒ずつ消えているなど、地域文化の継承が課題になりつつある。

島根県海士町

隠岐の島の一つ。見渡す限りの日本海と豊かな里山に恵まれ半農半漁の島として古から人々が暮らしを紡いできた。「超人口減少・超少子高齢化」の課題を抱えていたが、近年は攻めと守りの大胆な行財政改革や特産品開発、高校魅力化プロジェクトなど、独自の取り組みが全国から注目を集め移住者が急増。人口減少がストップし、地元住民と移住者が手を取り次の100年に向けた新たな一歩を踏み出している。

岡山県西粟倉村

岡山県の再北東端に位置する、面積の約95％が山林に覆われている林業の町。平成の大合併の際に合併を拒否し自立の道を歩む。豊かな資源を未来につなごうと、2008年から村全体で取り組むのが「百年の森林《もり》構想」。森林の維持管理や林業の六次化など地域資源を守り継ぐ挑戦が続く。人口減少は大きな課題だが、地方創生の先進地として持続可能な環境づくりやさまざまなビジネスが展開されている土地ゆえ、人口の1割にあたる約140人が20〜30代を中心とする移住者。

徳島県三好市

四国中央に位置し「世界の持続可能な観光地100」に選ばれた自然豊かな土地。日本三大秘境の祖谷地域ほか、傾斜地での伝統農法が世界農業遺産にも認定されるなどインバウンドを中心に観光客が急増。街の機能が集積した人口1万人の池田町と、数名〜数百名の集落が山間地に点在する二面性があり、街エリアを「マチ」、山間地の集落を「ソラ」と表現。小さいが故にスピード感があり、イベント企画や新規開業など、誰しもが創り出す側になれる。

宮崎県新富町

宮崎県中部の太平洋に面する農業が盛んな町で、人口は約1万7000人。豊かな海岸線はウミガメの産卵地。県中心部には車で30分程だが、隣県へはいずれも2時間以上かかるアクセスの悪さゆえ陸の孤島とも。しかし高齢化率は比較的低く、子育て支援の手厚さゆえファミリー層やシングルマザーが引っ越してくる町でもある。「世界一チャレンジできる街」として移住者が働きやすい環境づくりを行っており、広大な農地から生まれる特産品のブランディングも盛ん。

鹿児島県枕崎市

鹿児島県南端に位置する通称、太陽の街。シェア約50％を誇る鰹節のほか、黒豚を世に広めた鹿籠豚をはじめ、ブランド牛の枕崎牛、養鶏も盛ん。全国有数の焼酎メーカーのほか、本場イギリスの国際食品展で最高金賞を受賞した紅茶、姫ふうきも。「鰹節の街」というブランドはある程度浸透してきたが、食の宝庫として、それに次ぐ事業を育てているところ。近年20代前半〜30代半ばの移住者が増えている。

連携地域における心強いバックアップ

連携する各地域には、学生の受け入れをサポートしてくれる地域事務局と地域コーディネーターがいます。その多くは、地元の町づくりを担うNPOや企業、団体。それぞれの地域で先進的な取り組みを行っている現役のプレーヤーであり、その知見や地元との方とのリレーションを活かして、学生の生活やプロジェクトのサポートを実施しています。

また、自治体の首長や職員がさまざまなバックアップをしてくれる地域も。

例えば、2023年4月に各地の事務局をオンラインで結んで宮城県女川町で開催した「2023年度さとのば大学入学式」では、来賓として女川町の須田善明町長より挨拶をいただきました。とても印象的な内容でしたので、以下、掲載させていただきます。

——信岡さんから、そして受け入れの責任窓口になっているアスヘノキボウの現代表、後藤くんから、さとのば大学の構想を聞いて「それは面白いね」みたいな話から始まり、「面白いけれど、ちゃんと受け入れられるのか」など、いろんな意見を交換したのはかなり前のこと。

それが結実して、本日を迎えられていることを嬉しく感じますし、一つひとつのきっかけが

女川で行われたさとのば大学入学式での、須田町長のご挨拶

あって、未来へつながっていると感じる次第です。これからも全国に拠点ができるでしょうし、その一つに女川という場所を選んでいただいたことを、嬉しく思っています。

おかしな町なんです。いろんなことが起きますし、いろんなことを起こします。結局のところ、「自分たちの未来はこうありたいよね」「こうやったら面白いよね」「こうやったらもっと何か生まれるんじゃないか」。そういうところから、いろんなことが生まれてきたんだと思っています。

そのきっかけとなるものが、出会い。とりわけ、町の外の皆さんとのつながりです。それがインパクトとなって、次のアクションへ移っていく。その繰り返しだったと思います。

女川の町づくりの詳細については、ネットなどで見てくだされぱいいんですが、悲惨な被害の状況からどう立ち上がり、今の街並みはどうなっているかということ自体も大きな意義だとは思うんですけれど、その過程で、いろんなものが紡ぎ出され続けてきた。そのことこそが、最も大きな価値なんじゃないかと思っています。

そういう町であり続けたら、日本で唯一の場所になれるんじゃないか。だったらもっと面白くしていこうよ、みたいなことを、いわゆる計画的偶発性みたいなことを意図しながら、多くの皆さんと一緒に取り組んできました。

そのためには多様性が求められるし、オープンでなければいけません。その多様性とオープンさの確保をどうするかといったことを、考えながら積み重ねてきました。

すべての存在や行動には意味がある。後から意味づけられるものもあるかもしれませんし、検証して初めてわかるものもあるかもしれない。でも、きっと何かの価値はあるはず。正解かどうかはわからないけれど、「こうやったらいいんじゃないか」と思って歩み続けてきたことが、少なくとも間違いじゃなかった、くらいまでは言えるようになったのが、今の私たちです。さとのば大学さんと関わらせていただけることは、私たちにとってもいい機会と捉えています。


女川町は、東日本大震災で人口の約8・3％に相当する尊い生命が奪われるなど、壊滅的な被害を受けたことで知られる地域です。

震災から1カ月後、〝100年先の子供たちが誇れる町づくり〟を目指して女川町復興連絡協議会が発足したのですが、その席上、それまで中心となって町の産業を支えてきた年輩世代が「還暦以上は口を出さず」と発言したことをきっかけに、若い世代を中心に、世代や業界の垣根を越え一丸となった町づくりが行われてきました。

こうした地域と連携し、その機運の中で学生たちが学ぶことができるのは、本当に貴重な経験で、ありがたく思っています。地域にとっても、さとのば大学の学生がいることがよいインパクトになっている、そんなサイクルを地域と共に作っていきたいと考えています。

ラーニング・ジャーニーというお試しツアー

我々が創っているこのさとのば大学のような学び方は、多くの人にとって新しい学びの扉を開くものになると信じていますが、とはいえすべての人にとってベストだとは言い切れません。そのため興味を持ってくれた人に、本当に自分に合っているのか？　面白いと思えるのか？　を実際に体験しながら考えてもらえるように、春夏の長期休みやゴールデンウィークを中心に、「ラーニング・ジャーニー」というお試しイベントを実施しています。

特に、10代の若者がいきなり見知らぬ土地に移住して1年間を過ごすのは、本人はもちろん、保護者の方にとっても心配なはずですし、リアルとオンラインを組み合わせた学びがどのように進められていくのかも、気になるでしょう。

そのため「ラーニング・ジャーニー」は、実際のさとのば大学での学びのエッセンスを数日間にぎゅっと凝縮した、短縮バージョンとなっています。

まずは事前に、オンラインで参加者と交流しながら、旅への心構えや、地域を案内してくれるコーディネーターとの関係づくりを行います。また、さとのば大学の講師が、未来共創人材の育成にあたって大切にしている視点に基づいたワークショップも実施。参加者が、今現在の自分を見つめる時間を過ごします。こうした事前のオンラインセッションによって、ツアーでの学びを最大化します。

そのうえで、連携地域の中から1地域を選択し、実際に2泊3日などで地域に滞在しながら、その土地について五感を通して学ぶとともに、地域で活躍する人々のもとを訪ね、その土地で生きるということについても理解を深めます。

地域訪問後、1週間程度で行われるオンラインの事後セッションでは、地域での体験を「学び」に変えるリフレクション（振り返り）を行います。他の地域への参加者とも交流し、「自分が滞在した地域は、どのような場所だったのか」「そこで自分はどんなことを感じたのか」など、旅での気づきや学びをシェアします。

ラーニング・ジャーニーを体験する価値は大きく3つ。

①視野を広げてくれる人と出会える。
②自分と出会い直すことができる。
③地域を見る視点を得られる。

日常生活において、気心が知れた仲間との関係は大切ですが、同質性の強いコミュニティの中にいると、自分自身と向き合う機会や、視野を広げてくれる新しい価値観と出会うことはどうしても少なくなりがちです。

ラーニング・ジャーニーは、案内役のコーディネーターも、地域で出会う学生や大人も、少し変わった生き方や働き方をしている人ばかり。自分とは違う他者と出会うことで、「自分はどんな人間なのか」「何を大切にしたいのか」が、見えてくるはずです。

オンライン大学との提携により大学卒業資格も取得可能

さとのば大学は、一般的な大学とは異なる、いわゆる「市民大学」として運営しています。文部科学省の定める大学設置基準に則った形では、我々の理念を具現化することが難しいと考えたからです。

一方で、学位や大学卒業資格といった社会的に認知されたスキームが得られないことは、高校生や保護者にとってデメリットと感じられる場合もあります。

そこで、新潟産業大学 経済学部経済経営学科の通信教育課程である「ネットの大学managara（マナガラ）」と提携を結び、さとのば大学のカリキュラムと並行して学ぶことで、大学卒業資格（学士号）を取得することができる仕組みも作っています。

2つの大学を併修することで、例えば午前中にmanagaraで学んだ地域経済学や会計のノウハウを、その日の午後に実際のプロジェクトに活かすことも可能ですし、その逆も然り。

市民大学としての柔軟なカリキュラムと、文部科学省認定のオンライン大学とのダブルスクールによって、大学卒業資格を目指しながら、自由な場所で生きた学びを実践することができる、画期的な仕組みだと自負しています。

とはいえ、必ずしも、さとのば大学の学生全員が「ネットの大学managara」を受講する必要はありません。学びたい学問領域や取得したい資格によっては、他の通信制大学やオンライン大学と組み合わせることも可能ですし、さとのば大学を単体で受講している学生もいます。

なお、提携の背景については、次ページからの「ネットの大学managara」阿野 孝さんのインタビュー、および次章にも詳しく書いてありますので、あわせてお読みください。

interview

「ネットの大学managara」学長補佐
阿野 孝さん

あらゆる人に教育の機会を提供したい。その理想が、さとのば大学の理念とマッチ

「ネットの大学managara」は、新潟産業大学 経済学部経済経営学科の通信教育課程として2021年春に誕生しました。文部科学省認可の通信制大学であるため、大学卒業の資格（経済経営学士）の取得が可能です。

最大の特色は、スクーリング（通学）の必要が全くない、完全オンラインの大学であること。これまで、通信制の大学といっても、年間に数日はスクーリングが課せられることが多かったと思います。けれど、地方に住んでいる方、日程の確保が難しい方、病気その他の事情で移動が困難な方にとっては、そうした時間さえ確保することは難しいでしょう。

また、本学の特色として、講義が10分単位で構成されていることもあげられます。このため、仕事や育児、介護などを抱えている方はもちろん、スポーツ選手や個人事業主などでも、スマホ

やパソコン一つでいつ、どこにいても隙間時間で学ぶことが可能です。

きっかけは同じ雑誌の特集で紹介されたこと

さとのば大学さんとは、ある雑誌が縁となって出会いました。２０２０年10月、『TURNS』という雑誌の「学びを止めるな」という特集記事で、翌年開講予定の「ネットの大学managara」を紹介いただいたのですが、同じ特集に、たまたま「さとのば大学」さんの記事が掲載されていたんです。

当時、私たちは、「場所も時間も固定せずに学べる自由度を活かし、プラスの価値をつけられないか」と模索していました。また、新潟の大学の通信教育課程ということもあって「地方の活性化に貢献できたら」という思いもありました。そんなときに知ったさとのば大学さんの理念は、これらの思いと合致するものでした。場所を選ばす、隙間時間で学べるという本学の仕組みと、さとのば大学さんの地域に入り込んだプロジェクト活動を組み合わせることで、例えば、地域経済学や地域産業論といった講義で学んだアカデミックな内容を、即、地域のフィールドで実践できるはずです。

しかも、さとのば大学さんは「市民大学」という位置づけであり、学校教育法で定められている〝大学〟ではないということでしたので、だったら、私たちと組めば、面白いプログラムが提供できるはず、と確信しました。

なので、すぐに編集部に連絡をとり、信岡さんにつないでもらったんです。すると、信岡さんも同じように興味を持っていただいていたらしく、すぐにオンライン会議が実現。その席上、「私どもとしては、こういうコンセプトの通信教育課程を来春開講する予定になっています。さとのば大学の学びと組み合わせることで、面白いことができるのではないでしょうか」

と話したところ、信岡さんは画面共有をしながら、

「実は、同じことを考え、ある通信制大学に提案するための企画書を書いているところでした」

と説明を始められたんです。それが、私たちが考えていたことと驚くほど一致する内容でした。その場で「やりましょう」と意気投合。あとは細部を詰め、関係各所と調整していくだけでした。

その年のうちに「提携発表会・説明会」をオンラインで開催し、翌年4月には、両者のカリキュラムを並行して学ぶコースがスタートしました。

雑誌掲載から、なんと半年の出来事でした。今、振り返っても信じられないスピード感です。

この課程で学ぶ学生は、さとのば大学の連携地域で暮らし、オンラインで学びつつ、実際のプロジェクトに参加するわけですが、そのようにして身につけた力は、卒業後、地域の活性化に取

り組むときだけに発揮されるわけではありません。

例えば環境問題や気候変動、少子高齢化や経済格差などは、すべての業界、分野にかかわる広範な課題です。そうしたことに敏感にアンテナを張り、見過ごしたり諦めるのではなく、さまざまな場面で課題解決にむけたリーダーシップを発揮できる人になってもらえるんじゃないか。

実際に、学生の多くは、失敗体験を含めた地域での実践が自信につながり、いろいろなことに手を挙げ、チャレンジを続けています。また、自分たちの活動自体を世に発信したいという思いを持つ学生もいます。

ここで培った力は、会社員になっても、起業家になったとしても、必ず活かされるはず。座学で知識だけを学ぶ学生とは、一味違う視野や視座を持った大人になれると期待しています。

学びの形はさまざま。すべての人が学べる環境に

「ネットの大学managara」では、現在、さとのば大学と組み合わせて学ぶコースを「地域イノベーターコース」と呼んでいます。高校生や保護者が学びの内容をイメージしやすいようにという意図と、他のコースとの並びをよくするためです。

というのも、「ネットの大学managara」には、「ベーシックコース」「スタンダードコース」「プレ

ミアムコース」をはじめ、
●世界を探究しながら大学を卒業する「海外インターンシップコース」
●野球などのスポーツを通じて英語を学習する「旅するスポーツコース」
など、ユニークなコースを設けています。学びの形は、さまざまだと考えているからです。

そもそも、「ネットの大学managara」をつくろうとしたベースには、学びたい意欲さえあれば、誰でも、いつでも、どこでも学べる環境を提供したい、という理想がありました。さまざまな事情があって、大学に通うことを諦めている方も大勢います。例えば

●自宅から通える範囲に大学がない。
●仕事が忙しく、まとまった時間が捻出できない。
●事業を継承したため、地元を離れられない。
●経済的な事情で、一般的な大学には通いづらい。
●健康上の理由で、キャンパスに通うことができない。

そうした方々にとっては、「年に数日、ここのキャンパスにスクーリングに来てください」ということさえ困難なはず。社会人でも、日程をやりくりするのは困難でしょう。

その点、完全オンラインで、スクーリングなしのメリットは計り知れないと思います。実際、本学の学生には、長期入院されている方もいれば、車椅子で生活されている方もいます。また、

諸外国に暮らしながら学んでいる学生も50人ほどいます。

気づいていないだけで、まだ取り除けていない障壁があるかもしれません。そういう障壁を見つけては取り除き、誰もが学べるような世界にできたらいいなと考えています。

ちなみに、「ベーシックコース」の学費は、年間30万円ですが、最大8年間在籍可能であり、その場合も、5年目から8年目までの4年間は、学費をいただかずに学び続けられる設計にしています（年間4万円の在籍管理料は除く）。余分な経済的負担をかけずに、自身の生活に合ったペースで学ぶことができる形を目指したためです。

「ネットの大学managara」の母体である学校法人柏専門学院と提携している株式会社ウィザスの中期的なビジョンの一つに「ユニバーサル教育の実現」があります。国籍や人種、性別、年齢等関係なく、すべての人に教育を提供していける教育機関にしていくというビジョンであり、その先頭に立っているのが「ネットの大学managara」です。

私は企業人で、信岡さんと立場は異なりますが、見ている方向は同じだと思っています。さとのば大学の素晴らしいビジョン、コンセプトが、世の中に広く認知されるまでには、もう少し時間がかかるでしょう。

けれど、これから絶対に必要になる教育のあり方の一つであることは間違いありませんし、この教育を受けた人が、未来社会で活躍できる人材になっていくと思います。

第4章

さとのば大学は、どのように生まれたのか？

ここまで、地域で学ぶことの重要性に加え、さとのば大学の概要をお伝えしてきました。では、こうした考え方はなぜ生まれ、さとのば大学という形になったのか。

そこで本章では、さとのば大学設立までの個人的な経緯を綴りました。

発起人とはいえ、私個人のことにページを割くことにはためらいも感じますが、さとのば的な学びを構想し実践してきた者の歩みとして、しばらくお付き合いいただければと思います。

行き過ぎた経済発展の先に何がある?

「地域」が持つ可能性や育成力に大きな価値を見出している私ですが、実は20代後半までは田舎とは縁がない場所で過ごしてきました。大阪で生まれ、京都の大学に通い、卒業後は、「東京でＩＴベンチャーを立ち上げる」という先輩に誘われ、設立メンバーの一人として上京しました。

ちなみにその会社は8カ月ほどで倒産寸前になり、別の会社に吸収されることになりました。「会社って簡単に潰れるんだ。力がないとダメなんだ」と痛感したことで、ＷＥＢディレクターとして働きながら、「いかに成長できるか」「いかに稼ぐ力を身につけるか」に向き合う日々が続きました。終電での帰宅は当たり前。食事中もマウスから手を離さないような働き方をしていました。

それで、心身ともに疲弊してしまったんです。会社と自分の成長だけを目標に、がむしゃらに働いているけれど、「いったい、その先に何があるんだろう？」と疑問を持つようにもなりました。

当時住んでいたシェアハウスの同居人に、環境問題に詳しく、『不都合な真実』や『学習する組織』などのベストセラーを翻訳された枝廣淳子さんのもとで働いていた友人がいたことで、エコロジーやサステナビリティという考え方にも触れ、

「経済的な成長だけを追い求める先に、みんなが幸せになる未来ってあるんだろうか？」

と、考え込むようにもなりました。

ある勉強会に顔を出したとき、参加者がこんなことを話していました。

「こうやって週末、環境問題について勉強しても、平日は大量生産に伴う環境破壊に加担している自分がいるんだよね」

その通りだと感じ、満員電車に乗るのが怖くなってしまいました。みんなで地球を壊しに行っているように見えたんです。なんとか会社に行っても、そこで話されているのは「どうやって会社を成長させ、上場させようか」といった話ばかり。いま考えると、成長期の会社としては普通の会話ですが、当時の私には、それが苦痛でした。

それで、いよいよ身体を壊したことを期に退社させてもらいました。25歳のときです。そして、「個人個人が懸命に働くことで、明るい未来に実感がもてる生き方ってないものだろうか？」

と考えた私は、関わる人々の顔が見える〝小さい経済〟に、次なる希望を見出します。それが、島根県にある海士町でした。

離島で抱いた「大学をつくりたい」という野望

島根県の隠岐諸島に海士町という小さな町があります。廃校寸前の高校を魅力化して生徒数を増やすなど、過疎地における地域創生のモデルとして全国的に知られていますが、当時は、火がおこる直前のような時期。「島をまるごと持続可能にする」というビジョンを掲げ、「よそ者、若者、ばかもの大歓迎」という町の呼びかけに、全国から感度が高いというか、面白そうな人が集まり始めていました。知り合いから噂を聞き、3泊4日で下見に行った私は、

「この島でなら、人にも地球にも優しい社会をつくれるのでは!?」

と直感し、その年のうちに移住を決めました。そこで最初にしたことが、

「島に大学をつくりたい。持続可能な社会に向けて、みんなで学ぶための大学を」

という提案でした。何しろ、

「月曜から金曜日まで、地球にとって良くないと思われる経済活動をして、環境問題について考えるのは土日だけ」

では、良くなりようがありません。平日を含めてフルコミットで学ぶ場が必要だと感じたんです。イメージは、教育機関というよりも学習機関。共に学ぶための場を創るという感覚です。

しかも、学びが先にあるんじゃなくて、生きることや暮らすことが先にある。その過程で、「これって、どうにかならないか」とか、「こんなことしてみたい」という課題や願いが生まれ、それらを解決するためにプロジェクトを作って実際にやってみる。そうしたプロセスこそ最大の学びになるのではないかと考えていました。

このような考え方は、今の、さとのば大学の理念につながっています。第2章で綴った、環境・社会・経済の話や、都市と地域の関係性など、今、私が語っていることの多くは、基本的には、この頃から考えていたことです。

真の社会人となり、「町づくり×学びの場づくり」を

現実には、海士町で大学を設立することは叶いませんでしたが、Iターン仲間3人と「巡《めぐり》の環《わ》」という名の会社を設立し(現・株式会社風と土と)、視察や研修の受け入れなど、都市では味わえない島ならではの学びを体感してもらえる場をコーディネートしたり、食の文化祭や音楽祭など、島を盛り上げる活動を6年半にわたって行っていました。

詳しくは、『僕たちは島で、未来を見ることにした』（株式会社巡の環 著／木楽舎）に記していますが、ひと言で言えば、「町づくり×学びの場づくり」をしていたんです。

地域で暮らし、土地のリアルと関わりながら、さまざまなことに挑戦したことは、私にとってもかけがえのない学びとなりました。

思うに、私が大学を卒業し、社会に出たときは、〝会社員〟ではありましたが、〝社会人〟ではなかった。海士町に来て初めて〝社会人〟になった気がしています。

会社員の場合、あくまで会社が先にあって、上司から降りてきたミッションのために社会に向き合っていきます。でも、ありたい社会のために自分の仕事があるというのが、正しい順番ではないでしょうか。それが、本来の社会人の姿なのだと思っています。

参加者、発信者、協力者が循環する組織

私たちが創ったイベントの多くは、参加者が主体的・能動的にイベントに関わる仕組みを盛り込んでいます。「参加者」と「発信者」と「協力者」とが、垣根を越え、立場を変えつつ循環することを重視したのです。

というのも、発信している人が、ずっと発信だけしている状態に、長年疑問をもち続けていた

からです。東京でWEBディレクターをしていたときに思ったのは、制作側が情報を発信する立場だけに偏っていると、本来、楽しいものを創るという「ものづくり」的なマインドがあったはずなのに、発信すること自体が自分の役割であるという事務的なマインドに陥ってしまいがちということ。

情報を受け取る側にとっても、常に、出来合いのものを与えられているだけの状態に慣れてしまっては、自らものを生み出す機会が少なくなっていきます。

魅力あふれる海士町の情報を発信する際も同じで、体験ツアー然としたものをパッケージとして一方的に提供していると、ルーティンワークに陥り、発信自体が自己目的化してしまいかねません。参加側にしても、一過性の観光ツアーに参加している気分になってしまうでしょう。これでは、本来の目的である海士町のファンを創造することができなくなってしまいます。

そうではなく、発信者でありながら、ときには参加者として関わっていけるような、反対に、参加する側も、協力者になったり、発信者にもなってもらうようなイベントをつくりたかった。そうした循環が生まれてこそ、一方向ではない、共創的な価値を放ち始めると思いました。

実際、「AMAワゴン」というツアーの参加者は、一緒に機材を組み上げたり料理を作るなど、ツアーのプロセスを共につくり上げる協力者でもあります。島の住民とふれあう際には、話を聞くだけではなく参加者の持つさまざまな知見や視点を島の人に提供することで、対話や循環が生まれるよう意識しました。そうしたプロセスを通じて、「私も海士で何かやってみたい」と名乗りをあげる人も出てきます。参加者だった人が協力者になり、発信者にもなっていくわけです。

こうした考えも、「学び3・0」のベースになっている気がします。

自分の言葉を発している人のすごみ

地域で暮らし、土地のリアルと関わりながら、私はいろいろなことを学びました。

先人を敬い、孫の世代の未来を考える島の大人の背中からは、長期的な時間軸について学びました。海について恋人のように愛おしそうに話す漁師さんからは、人以外の自然も含めた大きな家族観を学びました。よそ者の私にも、無償の愛情を注いでくれる島のおじい、おばあからは、帰りたい故郷と思える場所をもらいました。

最も学んだことは、心から出る言葉のすごみについてです。

移住して1年が経った頃、あるイベントで、みっちゃんこと波多美知子さんという方にお願いして、海士町の郷土料理を、島を初めて訪れるゲストに振る舞っていただいたことがありました。

そのとき、私が準備した以外のとっておきの食材も使い、下ごしらえにも手間をかけ、テーブルいっぱいの料理を作ってくれたんです。私たちが支払える謝礼金では割に合わない料理の数々でした。「どうしてこんなにしてくれるのか」と聞くと、みっちゃんは笑顔でこう話してくれました。「あたしはこの島が大好きでねえ。その島のものを、こうして来てくださった人に食べてもらえるのが本当に嬉しいのよ」

心から発せられた、という表現がぴったりのこの言葉は、振る舞われた料理の美味しさとともに、私の心に残っています。私の人生を変えたひと言でした。

自分の好きな島のことを知ってもらうのが嬉しい、というまっすぐな気持ちだからこそ、心に伝わるものがある。私はこのとき、「自分の言葉を話している人」のすごさに触れたと思います。

同時に、それまで私自身よく使っていた「地域活性化」という言葉が、とてもうすっぺらな響きに思えてしまいました。なぜなら、地域活性化とは、「現状は不活性である」という見方であり、だから外部の力を使って「活性化したほうがいい」という、相手を弱者側に閉じ込める言葉なわけです。そうではなく、この島が好きだから、この島を良くしたい、そういう想いから始まる町づくりのほうがずっといいなと素直に思いました。

そうしたことに気づいた私は、島暮らしの2年目の目標を、「この島を愛する」ことにしたんです。「地域を元気にしよう」じゃなくて、まずは「島のことをとことん好きになってみよう」と。

島のことが好きでない人間に、島のことを考え、良くしていくことなどできません。心から好きなものでないと、人には伝わらないと思ったからです。
海士町で、みっちゃんのような、純粋で温かい人々にたくさん出会ったことで、ものごとに対して少しだけ優しくなれた気がします。

東日本大震災が突き付けた絶望と決意

島に来てから4年目。転機は突然やってきました。東日本大震災です。震源地から遠い海士町自体が揺れることはありませんでしたが、私は、人の痛みが当事者化しやすいタイプ。何かできることはないかと、ボランティアはもちろん、避難民の受け入れ準備や復興プロジェクトなどの活動を立ち上げ、公私にわたり継続して行っていました。

ところが少し時間が経つと、都市では東京オリンピックが話題となり、島では地震の揺れもほぼなかったこともあり、被災時という感覚はなくなっていきました。私は遠隔地におけるボランティアセンターを運営しているような気でいましたが、会社の中でも浮いている感じ。周りとの温度差も生じ、精神的に消耗していきました。

「経済最優先というシステムの問題が露呈したんだから、これからは、足元の暮らしや生き方を見直す時代が来る。大量生産から持続可能な社会に向けて、きっと日本中が動き始めるはず」

そう期待していただけに、むなしさも感じました。

「あれだけの被害があっても、被災した人以外は、結局は他人ごとなんだ。思ったより社会って変わらないんだ」

という寂しさに襲われてしまったんです。

他人ごとという点では、

「いくら、遠くの島で持続可能な地域のモデルをつくっても、東京をはじめとした都市の人にとっては、遠い島の話になっちゃうんだな」

と思うようにもなりました。

でも、本当はつながっているんです。第1章で書きましたが、経済的に自立しているように見える都会と、自立していないように見える田舎。双方が同じ課題として取り組まなくてはいけないのに、地域固有の問題のように扱われがち。

どうすれば、都市と地域が、お互い他人ごとではなく「つながり合っている関係性だよね」って思えるようになるか。

どうすれば、今まさに課題が顕在化している当事者と、まだ見えにくいけれど潜在的な課題を有している未来の当事者が、分断ではなくグラデーションなんだという感覚を持てるか。

そのためには田舎からだけではなく、都市からのアプローチも必要です。オセロでたとえるなら、角を一つとったところで盤面いっぱいに広がる資本主義の黒い面をひっくり返すことはできません。都市の側にも陣地を取りに行き、両方から変えていく仕組みをつくりたいと思いました。そこで、数年ほど悩んだうえで、島を去ることを決めたんです。

お世話になった島の人たちには、何を思って一旦、島でのプロジェクトにピリオドをつけようとしているか説明させてもらいました。都市と地域の関係の世界観を話しつつ、「この島だけで活動することの限界も感じた」ということも正直に話したうえで、今度は都市の側から、新たな動きをつくりたいという前向きな思いも語りました。みっちゃんは泣いていました。

ただ、何をすべきか考えてはいたものの、具体的に都市で何をするかは決まっていなかったため、胸を張って「島のお陰で次のステージに進めます」とも言い切れません。

2014年5月に上京後、いくつかの大学でゼミや授業を持たせてもらえることになって初めて、「今こんな感じで頑張ってますよ」と説明できるようになり、気持ちが少し楽になりました。

さとのば大学の前身「地域共創カレッジ」での手応えと壁

2015年3月には、1年ほどかけて持論をまとめた『都市農村関係学』(信岡良亮編著／島学ブランド推進協議会発行)という書籍を刊行。同年5月にはアスノオトという法人を設立しました。

さらに、2016年には、都市と地域の双方から未来を創る共創人材づくりをテーマに「地域共創カレッジ」という社会人向けの私塾を開講しました。さとのば大学の前身です。

地域共創カレッジは、地域で挑戦したい人や、既に挑戦を始めている人が、週に1回、平日の夜にオンライン中心に集まり、先進事例を学んだり、互いの知見を共有したりする場です。社会的に「地域創生」のムーブメントが広がり、都市側の空気も変わりつつあったことも手伝い、有料ながら毎回、多くの参加者が集い、著名な有識者や地域のリーダーが惜しげもなく知見を提供してくれました。

その中には、WEBディレクター時代に私が環境問題について考えるきっかけを与えてくれた環境ジャーナリストの枝廣淳子さんのほか、マイプロジェクトという手法を通じて、教育の世界に新風を吹かせた慶応義塾大学大学院 特別招聘准教授(当時)の井上英之さん、働き方研究家の西村佳哲さんなど、今も、さとのば大学に深く関わってくださっている方々が大勢いました。

また、連携地域として、島根県海士町、宮城県女川町、岡山県西粟倉村など、現在、さとのば大学の学生受け入れ先として多大な協力をいただいている地域も名を連ねていました。

参加者のなかから実際に地域で起業する人も現れてきた一方で、情報のインプットが中心の社会人向けの私塾というスタイルのままでは、地域での実践につながりにくいことも実感しました。どうしても活動が夜間や週末に限定され、フルタイムで現実の課題解決にコミットできないといった限界を感じたんです。海士町で、大学を構想したときと同じ課題にぶつかったわけです。

やはり参加者のメイン時間をハックしない限り、状況は大きくは変わらない。改めて、大学をつくりたいという思いにかられました。

加えて、複数の大学や教育機関で講師を経験するなか、大学教育のあり方にも疑問を持ち始めていました。これまでの大学での学び方では、座学で得た知識を、どう活かしていいかわからないまま社会に出てしまいがちです。自動車教習所にたとえるなら、学科だけを学び、路上教習も受けずに、いきなり公道に出るようなものです。もっと言うなら、ご飯をたらふく食べられる環境に身を置きながら、飢えのしんどさを想像しようと言っているようなもの。社会課題解決に向けた内発的動機づけを、教室のなかでするなんて、ハードルが高すぎます。

近年、教育現場ではＰＢＬ（プロジェクト型学習）が盛んになってきましたが、単発のプロジェクト学習ではどうしても限界があります。あくまで座学での学習（理論）がメインで、プロジェクト（実践）がたまにあるみたいな形にならざるを得ないからです。

それを逆転させたい。実際の社会に根差した生きたプロジェクトが先にあり、それに必要な学びを習得していくという順序に変えたい。

考え抜いた結果、生まれた構想が「地域を旅する大学」としての、さとのば大学でした。

クラウドファンディングという名の決意表明と審判

ただ、そうした学びが絶対に必要なことは、私自身は確信していますが、それが私や周りにいる人たちだけの思い込みなのか、社会から本当に求められているのかまではわかりません。

そこで、「さとのば大学設立準備プロジェクト」を支援してもらうクラウドファンディングに挑戦したんです。目標として1000万円を掲げましたが、私にとっては、寄附を伴う署名活動のようなものでした。世間に決意と本気度を訴え、それに賛同してくれる人が一定数以上集まれば、

「1000万円もの金額が集まりました。これは、私の独りよがりの企画ではなく、みんなも期待している新しい学びのあり方です」

と胸を張って言うことができます。それを社会的信用につなげていきたかったんです。

とは言うものの、世間が賛同してくれるという自信があったわけではありません。不安で不安で、締め切りまでの90日間で、体重はかなり落ちました。失敗したら、これまで協力してくれた

多くの方々に申し訳ないし、そもそも、お金が集まらないということは
「お前の企画は、社会的に意味がないものだ」

と突き付けられるようなものです。

初動で思ったほど金額が伸びず、心が折れそうになりながらも、

「それでも、この大学には意味があるはずなので、最後まで見守りたいと思います」

といったメッセージを発信し続けた結果、ギリギリのタイミングで目標額を上回る１０４０万円もの寄附をいただくことができました。心の底から嬉しかったです。

市民大学でありながら学士号がとれる画期的な仕組み

さとのば大学は、いわゆる「市民大学」として誕生しました。文部科学省が定める大学設置基準などの制約のもとでは、理念を具現化することが難しいと考えたからです。

具体的には、教室という枠の中で、座学での学びが中心とならざるを得ないことに対する懸念でした。私たちの教育理念の核心は、あくまでプロジェクト学習中心の学び、すなわち「プロジェクト・センタード・アプローチ」であるからです。

繰り返しますが、大学でもPBLは盛んになってきています。けれど、大学でのPBLは、あくまで座学での学習が先にあり、プロジェクトがたまにあるイメージです。決して、プロジェクトが中心にあるわけではありません。

私たちは、それを逆転させたかった。プロジェクト学習を中心に捉え、そこから学びを抽出する順番に変えたかったのです。けれど、その設計で大学をつくろうと思うと、今の文部科学省の制度とは全く合いません。公的な学位を授与するためには、何をどのように学ぶかをかなり精緻に規定しないといけないからです。

私のなかでは、誰とどう学ぶかという学習環境が重要で、何を学ぶかは、その次なんです。むしろ、何を学び、どう成長するかは、学習者自身に委ねたいという思いもあります。

一方で、20歳前後の4年間という貴重な時間をいただくからには、学位も取得できるという、社会的に認知されたスキームがないことには、高校生や保護者の理解を得ることが難しい。

また、さとのば大学の発足当初は3カ月や半年といった短期コースが中心でしたが、高校を卒業するタイミングで進学してもらうには、四年制大学としての形を整える必要があります。

そうした準備を進めていたとき出会ったのが、新潟産業大学 経済学部経済経営学科の通信教育課程である「ネットの大学managara」さんでした。(97ページ〜参照)

ある雑誌から、さとのば大学として取材を受けたのですが、同じ特集で、スクーリングがない完全オンラインの新しい大学として「ネットの大学managara」さんが紹介されていたのです。

「これは、いい」と直感的に思いました。さとのば大学の学生が、この課程を並行して学ぶことによって、日本各地でプロジェクト活動をしながら、空き時間で経済学や経営学をオンラインで学び、大学卒業の資格まで取得できる。

一緒に組めないかと考えていたところ、編集部から連絡があり、同じことを「ネットの大学managara」さんも話しているから、つないでもいいか、と言うのです。

実は、それに先立ち、文部科学省の元副大臣であり、進歩的な教育改革者である鈴木寛さんとお会いしてさとのば大学の構想を話した際、

「通信制の大学と連携し、単位を取りながら学士を目指す仕組みを考えたらどうか」

という助言を受けていました。当時はピンときていませんでしたが、しばらく考えたあとで、「そうするべきだ」と納得。放送大学に連携の提案をする企画書を書きあげた矢先のことでした。

そうした経緯を経て、「ネットの大学 managara」の担当者と意気投合。正式に提携し、2021年4月に「さとまなプログラム」がスタートしました。

1年ごとに違う地域を巡って実地で学ぶという、市民大学でしかできない自由さと、文部科学省認定のオンライン大学とのダブルスクールによって、リアルな学びをしながら、大学卒業資格

もとれるという画期的な仕組みです。

こうした新しい学びを経験した在校生や卒業生が各地で活躍し、その姿を通じて「こんなプロジェクト人材が日本中に必要だと思いませんか」と世の中に問うていくことができれば、大学のあり方も、社会そのものも、大きく変わっていくはず。そうした未来の当たり前を、みんなでつくっていきたいと思っています。

著名な教育関係者が続々と参画

組織はできるだけフラットでありたい、という考えのもと、最初の頃はさとのば大学は「学長」というポストを置かずに運営してきました。私自身の肩書きも、未だに〝発起人〟のままです。

しかし、「ネットの大学managara」さんとも提携するなど、対外的にも「学長は誰ですか」と聞かれることが増えるようになったとき、以前から、惜しむことなく協力してくれていた井上英之さんにお願いすることにしました。

井上さんは、日本にソーシャルイノベーションなど多くの知見をもたらし、〝社会起業家〟という言葉を定着させた人です。自分自身の感性を大切にしつつ探究することの価値を若者に伝え続けてきた人でもあり、そうしたあり方や人柄が、学びの場の代表としてふさわしいと思い、学長就任を打診したのです。

最初は、固辞されていたのですが、偉い立場の人としての学長ではなく、せめて名誉学長に、さらに、共に学ぶ人という意味でChief Co-Learnerとつけてくるのなら、という条件で引き受けていただきました。つまりは、「名誉学長(Chief Co-Learner)」。さとのば大学の学びを代表する、素敵な肩書きだと感じています。(126ページ~井上さんの寄稿を掲載)

副学長の一人、船橋 力さんは、2014年に官民協働海外留学創出プロジェクト「トビタテ！留学JAPAN」を文部科学省で立ち上げ、約1万人の高校生、大学生を海外へ送り出してきたことで知られています。財源は企業からの寄附で賄われ、留学生に支給される奨学金は返済不要。また、募集に際して「成績・英語力不問」「情熱・好奇心・独自性重視」を打ち出すなど、これまでにない留学支援プロジェクトを、官と民の力を併せて成功させました。

実はこのトビタテで重視しているのが、「現地でのPBLやインターンなどの実践活動を、留学計画に必ず盛り込む」という要件。一般的な留学が、「さまざまなものを見聞きし、知見を拡げる」「自分の興味関心を深める」といった、「学び1・0」もしくは「学び2・0」的な留学であるのに対して、船橋さんが目指した留学は非常に「学び3・0」的ではないかと思っています。

そんなこともあり、船橋さんが、トビタテでプロジェクト責任者からアドバイザー的な立場に移行し、かつ家族と移住していたシンガポールから帰国したタイミングで、さとのば大学への協力を仰いだところ、趣旨に賛同いただき、深くコミットしていただけることになりました。（138ページ～船橋さんのインタビューを掲載）

同じく副学長（カリキュラムデザイン担当）の兼松佳宏さんは、WEBデザイナーとしてNPO支援に関わったのち、ソーシャルデザインのヒントを発信する「greenz.jp」というウェブマガジンを立ち上げ、編集長をしていた方です。その後、京都精華大学人文学部の特任教員としてソーシャルデザイン教育のカリキュラムづくりに関わり、プロジェクトの土台となる自分自身のあり方に名前をつける『beの肩書き』というワークショップを開発し、書籍も出版しています。

地域共創カレッジのコンテンツを創るときから深く関わってもらうなか、彼独自の、場づくりの素晴らしさや、学びのデザイナーとしての高い信頼から、さとのば大学のカリキュラムづくりや授業を中心にお願いしています。日々、学生対応をしている、学生にとって兄貴分のような存在です。（146ページ～兼松さんの寄稿を掲載）

寄稿

Another Story | 1

名誉学長（Chief Co-Learner）

井上英之さん

いのうえ・ひでゆき　1971年生まれ。日本で「ソーシャルイノベーション」や「社会起業家」という言葉を定着させた貢献者の一人であり、「マイプロジェクト」という手法の生みの親。スタンフォード・ソーシャルイノベーション・レビュー日本版共同発起人。2001年よりNPO法人ETIC.にて、日本初のソーシャルベンチャー向けプランコンテスト「STYLE」を開催するなど、社会起業家の育成・輩出と市場の創出に取り組む。2003年ソーシャルベンチャー・パートナーズ（SVP）東京を設立。2005年より慶応義塾大学湘南藤沢キャンパス（SFC）にて「社会起業論」などの実務と理論を合わせた授業群を開発。2021年度まで慶応義塾大学大学院特別招聘教授。監修・監訳に「21世紀の教育」（ダイヤモンド社）など。

もし、すべての社会がこの生きることと学ぶことのつながりを何よりも大切にし、それを強化するために熱心に努力していたらどうなっていただろう。世界は、今私たちが持っている世界とはまったく異なったものと感じられたのではないか。「学校」と「仕事」と「生活」の間に境界はなかっただろう。

――ピーター・センゲ『学習する学校』／英治出版より

「共に学ぶ人の代表」としての名誉学長（Chief Co-Learner）

信岡さんのことは、彼が移住していた島根県の海士町などを通じて、以前から知っていました。特に、僕が慶応大学の湘南藤沢キャンパス（SFC）で始めていた、「マイプロジェクト」という学びの手法に関して、地域のリーダーや学生たち、大学の内外の人たちと、北鎌倉で合宿したときのことはよく覚えています。

「マイプロジェクト」というと、今でいう、プロジェクト型の探究的な学びの手法のように聞こえますが、プロジェクトを推進すること以上に、そこに「私」（わたし）という存在があることを大切にしています。一人ひとりの若者たちが、「わたし」を主語にしたプロジェクトを企画し、小さくともやってみることで、自分自身や周囲の人たち、世の中とつながっていく。そこから、自分のほしい未来のために、新しい選択肢を見出し、変化を起こしていけることや、一人ひとりは大切な存在で、「わたし」のあり方と社会の変化はつながっていることを実感していきます。

その後NPOカタリバが主催する「全国高校生マイプロジェクト」として高校生向けに展開するなど、「マイプロジェクト」（以下、マイプロ）は、僕の足もとにとどまることなく、ゆるやかに広がっていきました。この合宿の時、信岡さんから、こういった学びの手法やあり方を、どう広げていきたいのか、何が大切なのか、僕の気持ちや意図を何度も訊かれたのは印象的でした。

きっと、こうしたことが伏線になっていたんだと思います。「地域共創カレッジ」という、「さとのば大学」の前身となる実験プロジェクトの時から、授業ゲストなどをさせて頂いていたのですが、彼の思いが、クラウドファンディングを経て「さとのば大学」という形に発展しました。そしてある日、「いのさん、学長をやってもらえませんか?」と打診を受けたのです。とてもびっくりしました。自分が意識していないところで、マイプロ以外にも、システム思考やマインドフルネスといった要素を、ソーシャルイノベーションの実践に組み込んでいく部分ふくめ、いろいろな影響があったそうです。「だから、さとのば大学が生まれたのは、いのさんのせいでもあるんです!」「責任とってください」って(笑)。

もちろん、さとのば大学という、既に大切な学びが生まれている場所に関われることには、わくわくしました。一方で、人生で「学長」なんていう肩書は想像したこともなく、「そもそも学長って何ですか?」って聞き返し、その場で、信岡さんたちといろんなことを考えました。

学長には、組織のトップに立ち全体を統括・経営しているという一般的な意味があると思います。現時点で、そうした関わり方はできないし、自分の希望でもありません。でも、あまりわかりにくいタイトルも良くないので、せめて〝名誉学長〟くらいにしてほしい。それでもまだ、しっくりこないので、括弧付きで「Chief Co-Learner」と入れてほしい、とお願いしました。「共に学ぶ人の代表」という意味を込めました。

僕がこれまで、慶応ＳＦＣやマイプロの活動などを通じて、大学生や高校生、地域や企業などの人たちと一緒に学んできたように、「さとのば大学」でも、ここで学ぶ人の代表として一緒に面白がり、新しい選択肢に気づくプロセスを共にしていきたい。そんな関わり方だったら、できるかなと思いました。

「学ぶ」と「働く」、「生きる」は常に隣り合わせ

そもそも、僕たちにとって「学ぶ」ってどういうことでしょうか？「学ぶ」のは、教室の中だけではないのは明らかですよね。子供の頃遊んでいた原っぱにも、町の商店街にも、もちろん家の中にも……あらゆる場所や職場、そして他者との関わりの中に、学びはありますよね。僕の大好きな経営学者ピーター・センゲさんが『学習する学校』という著書のなかで描いていますが、

学ぶということは、生きるということに直接つながっていて、ほんらい「学校」と「仕事」と「生活」の間に境界はないはずなんです。

僕は、学ぶ喜びこそが僕たちの人生をつくると思っています。自分の専門(社会起業)について大学で学生たちに伝えてほしいとオファーがあったときも、いわゆる〝先生〟をしたかったのではありませんでした。むしろ、出会った人たちと一緒に新しい「知」を言語化してみたかったし、自分の知らないことについて自分も彼らから学びたいと思っていました。そこで始めたのが先ほどの、「マイプロジェクト」でした。

35歳のときに大学の教壇に立つことになったのですが、当時、自分が何を教えられるんだろうって、ちょっと怖さもありました。これは、あらゆる先生が感じたことのあることだと思います。『教える勇気』(The courage to teach)という本で世界的に知られる、P・J・パーマーさんも言っていますが、教えるっていうけれど、自分はどこまで知っているんだろう？　そして、知らないことがある怖さを感じます。当然、どんな人でも、永久に知らないことは絶対にあるのに、すべて知っているはず、という前提を設定してしまうんです。

でも、ここまでは知っているけど、ここから先は知らないって、すごい可能性ではないでしょうか？　さらには、人類としてもここまではわかっているけれど、この先はわからないって、知のパイオニアに立っているということですよね。だから、みんなで探究しよう！って言える。そのためにも、まずは、先人の功績でどこまでわかっているかについても、知りたくなる。なんでこんな探究をしたのかも、好奇心が湧く。その上で、私たちは何がまだわかっていないのかがわかってくるって、すごく面白いじゃないですか。

ピーター・センゲさんは、冒頭の引用の続きで、こう言っています。

腕の立つ人の周りには、それが土地管理人であれ、会計士であれ、科学者であれ、職人であれ、その技能を習いたいと集まる子供や大人の見習い希望者が絶えなかっただろう。あらゆる年齢の人が新しい努力をしたり起業をしたりし、またそうした営みの中で失敗してもお互い助け合う心の準備があったのではないか。

10代の子供は学びの時間の大半を学校外で過ごし、自分にとって本当に意味のあるプロジェクトに取り組んでいただろう。そして、子供があらゆる場所、つまり市民の会合やビジネスの場におり、地域の人に交じって重要な会議に参加していたことだろう。

僕たちは、いつの間にか、勉強は学校でするもので、学びの期間が終わったら、社会に出て仕事をする、という建付けにしていますよね。実際は、学ぶとか、身につけるってそういうことではないと、誰もが日常の中で知っているのに。学びにふれることは、情報だけではなく、それをやってみることと、常に一緒にあるわけですよね。自転車が走る仕組みを完全に知ってから運転するでしょうか？　日本語の文法を理解してから言葉を使うのでしょうか？

本当は、生活することや「働く」こと、そして「学ぶ」ことはいつも隣り合わせで同じ場所にあるのに、気づけば今の社会では、別のものとして分けられてしまっています。

でも、これでは、学んでいることの本当の価値に、学んでいる最中に気づきにくく、すごくもったいない。それよりも、学びを実践してみたり、その経験をふりかえってみたり。何より、実際にやってみた「結果」を、大切な一次情報として、そこから新たな学びを開拓していくといい。新しい知見を発見していければいい。それによって、私たちの日々はもっと生き生きしていきます。

やっていることの言語化や意識化のプロセスで大きな学びがあることは、誰もが知っていることです。漫画「スラムダンク」を読んだだけで、三井くんのようなスリーポイントシュートの達人になれないですよね。人の成長や知見というのには、本来、身体性があります。僕たちは、すべての経験値を完全には言語化しきれないから、実践と言語化を繰り返しアップデートします。そうやって、新しいやり方のフロンティアは広がっていくんですよね。

「さとのば大学」にある学びの姿

「学ぶ」と「やってみる」がすぐそばにあるような場。そういう場から、人間が本来持っている「学ぶ」という力を生かすことや、そのような生き方や働くあり方を、より意識的にもっと日常の中心におけないか？　僕はそんな気持ちから、「さとのば大学」で学ぶ学生たちや運営するスタッフたち、協力してくれる地域の方々をまぶしくみています。

今、変化が早く前例のないことばかりが続く世界の中で、それでも新しい選択肢をつくっていく必要があります。そのためには、前提として「我々は必ず間違えるし、失敗もする。前例のない変化が続く世界の中で、最初からはうまくいかないほうが多いだろう。だから、やってみる。そして間違ったら、そこから学び、進化する」ということが大切で、これが今の民主主義の基本だと思っています。

さとのば大学では、「地域を旅する大学」として、日本各地をキャンパスに1年ずつ計4つの地域で暮らしながら、学んでいきます。その地域に住む人として暮らし、活動し、その過程で多様な人たちと出会う。オンラインでは授業に参画し、他の地域にいる「さとのば生」ともつながっていきます。「わたし」を主語に活動を重ねながら、仲間たちと共に傾聴しあい、学びを深め、自分自身の未来を創っていきます。

彼らは、自分の好奇心や関心を起点に、地域のさまざまなプロジェクトやイベント、仕事に関わり、また自分のプロジェクトを始めています。やってみたからこその、迷いや小さな失敗だってたくさんあります。その試行錯誤の中から、それを材料に自分への理解をすすめ、同じように他者の背景への理解をすすめ、そしてつながり、自分が意図したい未来をより明確にしていく。このプロセスから、今の時代に必要となっている、大切な目的を実現するために立場の異なる人たちと連携することや、より良い自分の人生に近づいていくための、ベースとなるツールや経験を身につけていきます。

その時、ただ客観的に分析をして、思考だけにもとづいた解決策を示す以上に、「わたし」という存在の正直な状況や感じていることに気づくことが本当に大切です。なぜなら、私たち一人ひとりの存在は、とても大切な〝代表性〟を持っています。同時に、この一人ひとりが感じていること、取り組んでみたいこと、小さくとも何かやっていること、ときには、気持ちはあるが動けていないこと、といった一人ひとりのマインドや動きといったふるまいが、厚みとなって、この世界のシステムを確実にうごかしています。

地域で暮らす一人として、さとのば大学の学生として、もしくは、一人の働く人として感じていることの持つ代表性はとても大切です。

例えば、家族との関係に悩む人は、世界中にたくさんいます。また、移住して寂しさを感じる人も。これって、ちっとも小さなことではないですし、地域や国家間の衝突だって実は構図としては一緒かもしれない。移住した寂しさを、自ら無視して、自分に結果だけを求めるよりも、その背景への理解を進めてみるといいと思います。そういう気持ちになるのはもっともなんです。その自己理解を進めた時、初めて、「なんか、寂しいんだよね」って人に言えます。そこから、仲間ができます。また、同じように、転職したり、外国人として暮らしていたり、差別の対象になっていたり……という状況にいる人たちの背景に理解が進みます。同じような「わたし」は、世界中にものすごくたくさんいる可能性があります。そんな代表性を持つ「わたし」が、もし新しい〝良いやり方〟を発見したとしたら、それは多くの人の助けになるかもしれません。

一方で、家族との関係でいえば、実は、日常の中で〝良いやり方〟をあまり意識せず実践している時があるかもしれません。良いやり方は意外と本人は気づいていないものです。だとしたら、そのやり方を誰かと観察し、意識化して、新しい方法として形にできたら世界は変わり始めるかもしれない。そして、その新しい方法を見つけるには、より良い学びの場をつくることではないかと思っています。

学びのコミュニティから始まる
ソーシャルイノベーション

「さとのば大学」が実現したい、地域を舞台にした学びを支える人たちがいます。さとのば大学にスタッフや講師などの形で関わる人たちはもちろん、魅力あふれる地域の人々やパートナーたち、そして、さとのば生たちが互いに学びのプロセスを支え合い、時には自ら運営にも関わっています。

もともと、ある地域に外部から人が来ることから関係性が始まり、交流や交易が生まれるというのは、人類の歴史や文明をつくってきた大切な要素です。日本という国も地域も、実は、異なる地域や文化との交流を通じて、辺境においても都市においても、常にその文化や文明を更新してきました。

若者たちのプロジェクトや、何かをしようという試みが、地域のさまざまな人やリソースを動かすことがあります。プロジェクトの多くは最初からはうまくいきませんが、試行錯誤しているからこそ、協力したり、応援したくなる人たちが登場することもあるでしょう。外部からやってきた学生の存在をきっかけに、既存の関係性に変化が生まれ、人やプロジェクト、企業や行政、ときには隠れたキーパーソン、以前からある場所やお祭りなど、有形・無形のものがつながり合う。さとのばの学生たちがミツバチのように、さとのばの舞台となる地域を行き来する。結果として、それぞれの地域の間でも、新しい関係性がうまれ、新たな動きの土壌となります。彼らは必ずしも意図していなくても、彼らの好奇心や、新しい目線を通じて見い出す地域の大切な価値や特徴は、いま、私たちが現状をある程度固定して見ている視界を超えた、選択肢を生み出すかもしれません。

これこそ、地域をこえて、生きることと学ぶことのつながりを大切にし、そして支え合うコミュニティが生み出すソーシャルイノベーションではないかと、僕は思っています。

Interview
Another Story | 2

副学長
船橋 力さん

ふなばし・ちから　１９７０年生まれ。上智大学卒業後、伊藤忠商事株式会社に入社しＯＤＡプロジェクトを手掛ける。２０００年、株式会社ウィル・シードを設立し、企業と学校向けの体験型・参加型の教育プログラムを事業化。２００９年には世界経済フォーラムのヤング・グローバル・リーダーに選出される。Table for Two、Beyond Tomorrow、MORIUMIUSの３つの非営利団体の設立メンバー。２０１４年に文部科学省・官民協働海外留学創出プロジェクト「トビタテ!留学JAPAN」を立ち上げ、プロジェクトディレクターに就任し、現在はエグゼクティブアドバイザー。その他、Asian Leaders Connecting Hub/CEO、あしたの寺子屋創造プラットフォーム代表を務める。

「トビタテ！ 留学JAPAN」立ち上げ時の感覚を思い出し、副学長就任を自ら打診

信岡さんとの最初の出会いは、島根県の海士町です。高校魅力化の立役者である岩本 悠さんに誘われて「ＡＭＡワゴン」という隠岐島前高校を魅力化するプロジェクトの一環で授業に行った際に、信岡さんはそこで頑張って島を盛り上げようとしている人たちの一人という感じで、実はその時の印象はあまり強くありませんでした。思うに、彼は派手なことが好きではないんです。

地域にも、関係性を築きながら土着的に入っていくタイプ。一方で僕は、外から来ても、わちゃわちゃした輪の真ん中にどんどん入っていくタイプです。

でも、その後ずっと彼は、海士町をはじめとする地域の活性化に取り組んできたわけです。

時は流れて2022年。かつて一緒に海士町を訪問し、私が創業したウィル・シード社の現在の社長でもある瀬田さんという方が、私と信岡さんをつないでくれました。瀬田さんは、その後も信岡さんと親しく付き合う中で、さとのば大学を立ち上げるための資金集めに奔走している信岡さんの様子を見て、「船橋さんに相談したら」ともちかけたようです。

それで2022年の夏に東京で再会したところ、信岡さんは、収支計画などベンチャーキャピタルに向けたプレゼンのような話を始めたんです。なので、

「君がしたいのは、お金の話ではないんじゃないの。もっと深い話。君が本当に創りたい世界、本当にやりたいことがあるんでしょ。それを詳しく話してよ」

と言ったんです。そうしたら、今、地方がどれだけ大変かという話から始まって、海士町のモデルを閉じるわけにはいかない。全国に広げなくちゃいけない。そのためには、さとのば大学のような仕組みが日本に必要なんだ、みたいなことを熱く語りだしたんです。

そうした認識やビジョンは、私の考え方にも合致します。「日本全国の社会課題に先進的に取り組む地域を舞台に、オンラインも駆使しつつ、それぞれが自分の興味関心を軸に実践のなかで

学ぶ」という仕組みに、直観的に新しい教育の可能性を感じ、共感もしました。「トビタテ！留学JAPAN」の立ち上げ前夜に湧き上がってきたのと同じ感覚を覚え、「この取り組みは間違いなく本質的、かつこれからの教育を変える突破口になる」と思いました。

また、名誉学長である井上英之さんは、ダボス会議を主催する世界経済フォーラムが毎年発表するヤング・グローバル・リーダーのメンバー仲間です。思想派の彼と、実践派の私の組み合わせは良いのでは、という思いも芽生え、自ら副学長に手を挙げ、正式にさとのば大学に参画することになりました。

さとのば大学式の学びと海外留学の共通点

さとのば大学式の学びで、特にユニークだと思ったのは、地域という手触り感のあるリアルな社会を1年ずつ巡り、4年間を通して実際のプロジェクトを行いながら学ぶこと。

「トビタテ！留学JAPAN」も実践型留学を掲げ、留学先で課題解決型プロジェクトに参加することを応募条件にしていましたが、短期あるいは1年程度の留学では限界もあります。体験したことが細胞レベルまで浸透するには時間がかかるし、せっかく海外で視野が開けても、帰国後、就職活動の時期に元に戻ってしまう学生も多く見てきました。

確かに、新しい価値観や生き方に触れるという意味では、海外留学に分があります。一方で、国内留学の場合、言葉の壁はなく、より自分ごとになりやすい。加えて、同じ日本、同じ文化と思い込んでいるがゆえに、それまで気づかなかった違いを発見することができます。

また、「トビタテ！留学JAPAN」では、「世界を知る」だけではなく、そこを起点に「日本を知る」「自分を知る」ことも大切にしていましたが、さとのば大学では、「社会を知る」「自分を知る」「人を知る」ことに焦点を当てているように感じます。

「社会の縮図」とも言われ、都市と比べて圧倒的にリアルで手触り感のある地域で生活しながら学ぶことは、社会を知るうえで最適です。また、留学における越境体験と同様、アウェイな環境に身を置くことで、改めて自分を見つめ直す機会になるでしょう。

生存のためのOSが大きくなるというのも海外留学と共通です。さまざまな問題が起きるなかでタフネスも身につけば、成功体験と失敗体験もする。いろいろなことを自分で決めなくちゃいけないし、なんとかするためには人に頼ることも必要。そういった生身の経験を通して、多少のことには動じない、たくましく生きていく力が強くなるはずです。

そうした学びの中身への共感に加え、実務をきちんと押さえているところも感心しました。構想するのは簡単ですよ。しかも楽しい。けれど、地域の協力を得る、それも全国15カ所で学生受け入れのインフラを整える。これは普通の人ではできないし、年月がかかります。信岡さんが、海士町時代から地道にやってきたことの知見とネットワークが実を結んでいると思いました。

ソーシャル人材とは「社会の縮図」感を理解している人

私は、〝グローバル人材〟〝ＤＸ人材〟に続き、これからの時代に求められるのは〝ソーシャル人材〟だと考えています。

ソーシャル人材というと、社会課題の解決を目指す社会起業家や、地域のリーダーを想像するかもしれませんが、私のイメージは少し違います。

いろいろなステークホルダーの間に立ち、それぞれの意見や思惑を何とかまとめながら、一つの方向に向かっていくことのできる人だと思っています。企業人であれば、顧客や取引先、従業員やその家族、関連会社、自治体など、関わっている人の全体像や関係性、もっと言えば社会がどう成り立っているかまで見渡せる人。多様なピースを思い浮かべることができ、〝社会の縮図〟

感を把握できる人といったイメージです。

目先の自分のことだけを考えていると、例えば、宅配便が遅延したとき、ただイライラするけれど、社会全体を見渡せる人であれば、運送業界の人手不足について自分ごととして捉えることができます。

以前、信岡さんに聞いた話ですが、海士町を含め地方には空き家がたくさんあるのに、移住者が住めるような家は意外と少ないらしい。なぜかというと、家主であるおじいちゃん、おばあちゃんの感覚として、「掃除をして綺麗に整えない限り、人には貸せない」という思いがあるからだそうです。だから、それまで長年放置されていた空き家に、学生がボランティアで掃除に行くことで、「あんたたち住んでいいわよ」とか、「人に貸してもいいわよ」となったりする。

こうしたことは、普通に生活していては気づくことはできません。けれど、いろいろな現場を見て、俯瞰でものを考えられる人にとっては、誰が何に困っていて、何が面倒で、どんな本音があり、誰と誰とがどのようにつながっているのかということについて、肌感覚として理解できるんです。

このようなソーシャルな感覚を持った学生が社会人になれば、どのような組織もイノベーティブになっていくのではないでしょうか。

反対に、そういう感覚がないと、SDGsといってもピントがずれたことをしたり、新規事業開発でも現場のニーズを想像できず、的外れな提案をしてしまいがちです。実際、経済界ではイノベーションが大事だと言っていますが、なかなか進まないのは、こういった人材が不足していることにもその要因があると思います。

「地域を旅する大学」であり、「自分を旅する大学」でもある

本来、イノベーションって「自分は、これをしたい」という強い意志から生み出されるはずです。けれど、大企業にありがちですが、「自分が本当は何をやりたいか」すら持っていないことが多い。新規事業の企画にしても、なんとなく自社のカルチャーにあわせたようなものを提案するんです。

その点、さとのば大学では、「自分は何者なのか」「何がしたいのか」という問いかけを徹底します。実際、直近の中間発表では、

「地域に向き合うと思っていたけれど、結局、自分に向き合わざるを得なかった。自分とは何者なのか、何ができるのか、何が求められているのか、何がしたいのかを考え続けた3カ月だった」

と話す学生もいました。

海外留学においても、アメリカの建築事務所でインターンしたある大学生院生がこう話してい

ました。

「駅前開発の案件を任され、現地のアメリカ人が喜びそうなプランを提案したところ、上司から『お前は何者だ？ アメリカ人では提案できないプランを期待して、日本人のお前に頼んだのに、意味がないではないか』と言われ、ハッとした」

と。「Who are you? ＝お前は何者か？」。帰国した多くの学生から、留学の学びとして出てくるキーワードです。日本の学校教育では「自分は何者なのか」を考える機会はあまりありません。でも、地域や海外に越境する場面では、それを問われるわけです。

見知らぬ地域で1年ないし4年間どっぷり浸かるというのは、そうした感覚を、まさに細胞レベルでつかむことになると思います。

地域の素晴らしさを体験してもらいたい気持ちもありますけれど、それ以上に、「私は何者なのか」ということを、いろいろな体験を通じて自分に問うてもらいたい。「地域を旅する大学」と掲げていますが、それは同時に、「自分を旅する大学」だとも思っています。

寄稿

Another Story | 3

副学長（カリキュラムデザイン担当）

兼松佳宏さん

かねまつ・よしひろ　1979年生まれ。ウェブデザイナーとしてNPO支援に関わりながら、「デザインは世界を変えられる?」をテーマに世界中のデザイナーへのインタビューを連載。その後、ソーシャルデザインのためのヒントを発信するウェブマガジン「greenz.jp」の立ち上げに関わり、編集長を務める。2016年より京都精華大学人文学部特任教員として、ソーシャルデザイン教育のためのプログラム開発を手がけ、2022年さとのば大学副学長に就任。著書に『ソーシャルデザイン』『beの肩書き』、連載に「空海とソーシャルデザイン」など。秋田県にかほ市出身、長野県北佐久郡在住。現在、高野山大学大学院修士課程（密教学専攻）在籍中。

共に磨き、共創してきた数年間 生き物のようなカリキュラム

信岡くんとの最初の出会いは覚えていませんが、仲良くなったきっかけは、2010年に高尾山で開催された友人のアウトドアウェディングでした。お祭りを一緒に作り上げた経験を通じて、〝知り合い〟から〝仲間〟へと関係性が深まりましたね。

さとのば大学との関わりは、いち講師として「beの肩書き」という授業を担当させてもらった

ことからです。その後、２０１９年に運営メンバーが一堂に会する合宿で、信岡くんが「自分は外との連携に注力したいから、カリキュラムなど中のことは誰かに託したい」と本音をこぼしてくれたので、未経験ではありましたが「じゃあ、僕がやってみるよ」と手を挙げました。当初は「副学長（仮）」と名乗っていましたが、２０２３年4月に正式にアスノオトに転職し、（仮）がとれました（笑）。

新たに〝大学のような〟学校をつくる

京都精華大学で5年間、ソーシャルデザイン担当の特任教員という現場の経験はありましたが、もともとフランス文学部卒のＷＥＢデザイナーで、のちに「ほしい未来は、つくろう」というスローガンを掲げたＷＥＢマガジン『greenz.jp』の編集長という、アカデミックではないキャリアを歩んできた自分にとって、それはまったくの未体験ゾーンでした。

ただ、ちょっと話が飛びますが、僕が尊敬してやまない弘法大師・空海は、晩年55歳のとき、今から１０００年以上も前に、日本初の庶民のための学校「綜《しゅ》芸《げい》種《しゅ》智《ち》院《いん》」を立ち上げているんですよね。お坊さんが学校をつくるというのは意外な感じもするけれど、それこそが、「すべての存在がかけがえのない可能性を秘めていて、それぞれがそれぞれの本来の姿に気づき、発揮していくことが大切である」という空海の信念を広げていく社会的な着地であり、実は仏教者としてごく自然な、菩薩道（悟りを目指す自利利他の修行）の具体的な実践だったんです。

ならば、僕がgreenz.jpを通じて願いとして持ち続けてきた、自分らしさを発揮して、他者に貢献するソーシャルデザインの担い手を増やしていくために、僕にも学校づくりができるはず！そう一念発起し、さとのば大学により深く関わることにしたんです。

とはいえ、僕が担当しているカリキュラムデザインにおいては、これまで培ってきた編集やファシリテーションの経験がかなり役に立っていることを実感しています。

どんな到達目標を掲げ、どんな環境を整え、どんなコンテンツを、どんなタイミングで用意し、当日はどんな場を創るのか。どのようにそれぞれの成長実感をつくり、どのように気づきを次のアクションへとつなげていくのか。

WEBマガジンの運営と読者の変容に向き合ってきた僕にとって、編集長から副学長へのトランジションは、自分でも驚くくらいとてもスムーズだったように思います。

とはいえ、インストラクショナルデザインや、自己調整学習や、状況に埋め込まれた学習や、経験学習サイクルや、成人発達理論や、ポジティブ心理学や、パフォーマンス心理学などなど、専門家にとっては自明のことをほとんど知らないという、マイナスからのスタートだったことは否めません。手当たり次第に文献を漁り、専門家からヒントをもらい、現状とのギャップを見つけては課題を整理し、自分なりに仮説を立てて実験し、手応えがあったり、なかったりを振り返り、チューニングしてまた試し、こねてこねてを繰り返す日々。

でも、だからこそ運営メンバーや、さとのば生のアイデアを活かし、共にカリキュラムを磨き、まさに共創してきたこの数年間は、むしろ誇らしいと思っています。誰か一人で考えたわけではない、みんなの願いとともに育ててきた、まるで生き物のようなカリキュラム。そしてそれを、やっと世に問えるくらい固まってきたのも、「本当は何がしたかったのか」を言葉にできるようになってきたのも、つい最近のことなのでした。

時代の精神と新しい学校

ここ最近、「フォルケホイスコーレ」や「バウハウス」など、100年以上前に始まった学校に注目が集まっていますが、新しい学校は、時代の精神を反映しているように感じています。

産業革命とともに社会の主役が貴族から市民へと移り、その根幹となる民主主義を学ぶ場として19世紀にデンマークで設立されたのが「フォルケホイスコーレ」で、「生のための学校」という理想は100年以上経った今なお、というよりは今こそ、よりリアルに感じられます。

一方、20世紀前半にドイツで設立された「バウハウス」は、第一次世界大戦後から世界恐慌の光と影、創造と狂気に満ちた1920年代と重なります。科学の発展とともに人間と自然、自分と他者など、さまざまな分離も進んでいくことへの危機感から、学長のグロピウスは「あらゆる対立する力を完全な融和へと導く世界合一の思想」という、まるで空海のような壮大なビジョンを掲げていました。そして、「分断された要素やバラバラになった人々をとりまとめる渦」として〝祝祭〟をキーワードとして、建築のみならず、ファッション、コスチューム、音楽、映像、言葉、ダンスといった表現方法を通じて「共創の回路を生み出し、交感の輪を広げてゆく」ことを目指していたんです。その理想は、大量消費による環境破壊などさらに分断が進み、さまざまな社会的課題が生まれた20世紀をしっかり反省し、リジェネラティブにさまざまな傷を癒やしながら新しい社会をつくっていく指針として、いまだにこちらもリアルに感じられます。(参考文献『バウハウス百年百図譜』伊藤俊治)

100年かけて、さまざまな試みが積み重ねられてきたなかで、21世紀の今、さとのば大学はどんな時代の精神に後押しされているのだろう? そして、どう応えていけばいいのだろう? さとのば大学のカリキュラムデザインを考える上で、いつも側にこんな問いがあります。

さとのばに関わるメンバーにはそれぞれ、さとのば大学を通じて、変えていきたいことがあります。僕にとってのそれは、過度な受験戦争だったり、滑り止めや不本意入学だったり、必要以上の学歴社会だったり、画一的な就活だったり。「とりあえず進学」「とりあえず就職」の名のもとに、本来のその人らしさに蓋をしてしまう、さまざまな社会的プレッシャー、敷かれたレール、そのあたりへの抵抗です。もっと率直にいえば、息苦しさや生きにくさへの挑戦ともいえます。

だからこそ、さとのば大学では、生き生きと、生きやすく、ゆっくり息ができるような人に育っていってほしいんです。「ここには何もない」と嘆かず、既にある豊かな恵みに気づき、「モヤモヤだらけ」としょげず、それは自分の願いやワクワクの種であることに気づき、「誰もやってくれない」と諦めず、〝ほしい未来〟があるのならできることから形にしていくような人に。

願わくば、感性豊かな子供の頃は、受験勉強一辺倒よりも、〝わたし〟という存在の幅を広げるようなことに、たっぷり時間をかけてほしい。頭だけでなく体の感覚全開で、当たり前のようにあるけれど奇跡だらけの世界の豊かさを味わってほしい。

願わくば、素晴らしい大学はたくさんあるのだから、大卒という資格のために適当に進学するよりも、学びたいことを見つけたときに学びたいことが学べる大学に〝本意入学〟をしてほしい。

願わくば、大学名でフィルタリングするような企業なんてこっちからお断りという社会になってほしい、人生100年なのだから、新卒の1社目がその後の一生を決めるなんてことはない。それよりも、自分の足で生きていく力、自分を支えてくれるご縁のほうがよっぽど大事。

こんな願いを持つこと自体、世の中的にみればマイノリティなのかもしれません。けれど、同じ思いを持っている人はゼロではないし、時代はそっちへ向かっている感覚もあります。

「さとのば大学」は、文科省の認可を受けた正式な大学ではありませんが、だからこそできることを探してゆきたいし、うまくいったことがあれば他の教育機関とも共有していきたいと思っています。公式な学歴ではないけれど、人一倍プロジェクト実践経験があり、自分で考え、自分で動き、自ら変容していくさとのば生を目の前にして、「一緒に働きたい」と思ってくれる人はきっとたくさんいるはず。

すべての存在がかけがえのない可能性を秘めていて、それぞれがそれぞれの本来の姿に気づき、発揮していくこと。かつての空海のように。そんな自由自在な生き方を選択できるような学びの場をつくっていきたいですね。

Interview
Another Story | 4

女川事務局コーディネーター・特定非営利活動法人アスヘノキボウ代表理事

後藤大輝さん

ごとう・たいき　1994年生まれ。明治大学国際日本学部卒業。東日本大震災を機に、災害危機からの復興の意思・知恵を次の世代へつないでいく活動をするため、大学在学中に女川町へ移住、2016年10月にアスヘノキボウ入社。女川町の活動人口の創出に取り組む他、女川町の社会課題をテーマにした企業研修、さとのば大学女川事務局等のコーディネーターを務める。2020年8月に「オナガワーシカ」を個人事業主として開業し、新たな地域の資源としての鹿の流通に取り組んでいる。有志団体である三陸リアス式ジビエ協同組合に所属し、食肉処理施設の運営にも関わる。第二期女川町復興連絡協議会（FRK2）事務局。

女川をはじめとする被災地は、人の思いや志を育てる場所 さとのば大学の理念とも合致する

今でこそ、「女川町の社会課題解決を通じて、日本・世界の社会課題解決に貢献する」をミッションとするＮＰＯアスヘノキボウの代表理事をしていますが、高校時代は部活一筋で、社会課題に興味があるタイプではありませんでした。

けれど大学1年生のとき、フィリピンへ語学留学に行き、フィールドスタディで貧困の現実を

知るなか、自分の無知や無力感を思い知り、「世の中を知りたい。行動したい」という意識が芽生えました。帰国後は、友人からのボランティアの誘いをきっかけに東北の被災地などへ足を運ぶようになりました。

そこで出会った東北の人の力強さや、熱い想いを持っている起業家の姿を見て、東北で起業したいと思うようになり、2015年秋、アスヘノキボウが始めた「創業本気プログラム」(後述)に参加したんです。大学3年のときでした。

そこで前代表の小松洋介さんと出会い、海外の被災地の視察など行動を共にするなか、「うちでアルバイトしたら」と誘われ、都心の大学に籍を置く大学生と、女川を拠点としたNPOスタッフという二足の草鞋《わらじ》を履くことになったんです。

信岡さんとは、この頃、出会いました。さとのば大学の前身である「地域共創カレッジ」は当時、全国4つの地域と連携しており、その一つである女川でフィールドツアーを組んだとき、お会いしたんです。当時私は学生でしたが、女川を始めとした東北の各地域こそ、思いや志を育てる場所だと確信していました。なので、地域をキャンパスに、生きるとか暮らすことに紐づいた学びを提供するというさとのば大学の構想を聞いた時はワクワクしました。

私が通っていた明治大学の国際日本学部には、意識が外に向き、いろんなバックグラウンドを持つ学生はいましたが、結局は、同じ世代の大学生という限られた人間関係の中で学んでいます。けれど、女川を始めとした地方に行くと、震災をきっかけに事業を立ち上げる方や、現実と夢の間で必死に生きているシングルマザーなど、多様な人たちが身近にいるんです。

小さなコミュニティですから、一つの商品やサービスが、誰の手によって生み出されているかも手に取るようにわかる。都市にいると、機械的に提供される一杯の紅茶が、ここでは、年輩のマスターがどういう思いで店を持ち、提供しているかまで伝わってきます。

すると、自分の生活の一つひとつのシーンも違って見えてくるんです。自分が本当にやりたいことは何かを考えさせられ、さまざまな人たちに触れるなかで、「自分の思いを育ててもらっている」という感覚も強くなる。

それが都会の大学にいた時と、女川にいた時の大きな違いだと感じました。

心からワクワクできる暮らし方ができるのが良い社会

私自身は、心からワクワクできる暮らし方、働き方ができる社会が良い社会だと思っていて、女川であれば、そうした社会をつくれると信じています。

だからこそ、多くの人に女川に来てほしい。ただ、そうした場所が、女川以外にもあることを見つけたならば、女川から離れてしまっても構いません。

アスヘノキボウも、移住支援や創業促進を事業の柱にしてはいますが、「必ずしも女川に居続ける必要はない」というのが基本的な考え方です。女川町の人口を増やすことが目的ではなく、「活動人口」を増やしたいと考えているからです。

私たちがいう活動人口とは、「女川町民であるかどうかに関わらず、女川町をフィールドとして経済活動や文化活動を行う人」のこと。例えば、ある方が、女川町と縁ができるとします。すると、その方が別の場所でビジネスを始めたとしても、その後も何らかの形で女川町と関わってくれる可能性が高いはず。そうした末永く続く関係をつくっていきたいのです。

アスヘノキボウの主要事業である「お試し移住プログラム」（シェアハウスやコワーキングスペースなどの設備を活用しながら、5～30日間、お試しで女川の暮らしを体験するプログラム）や、「創業本気プログラム」（全国の地方で1～2年以内に起業したい意志のある方を対象に全力で起業支援を行う通学制プログラム）なども、あくまで活動人口を増やすことが目的です。

さとのば大学生に対しても同じことが言えます。女川町に関わっている者としては、将来、一人でも多く、女川の未来を共に創りたいという思いや志を持つ人が育ってくれたら嬉しいですが、それぞれの夢やタイミングがあるため、女川町に縛るつもりはありません。心からワクワクできる生き方をしてくれれば本望です。

ただ、さとのば大学で育った若者が、近い将来、日本各地や世界で活動する中で、それぞれの場所で何かが生じたときは、ネットワークと行動力を活かして応援し、支え合う。そういう関係性をここ女川でも築いていてくれたらと思っています。

使命感を持つ起業家が多い、強固なコミュニティ

さとのば大学では、実際のプロジェクトを起こすことを通じて、コミュニティで活躍する術を学ぶことができます。地域がほしい即戦力となり、地方人材の宝庫とも言えるでしょう。

起業を考えている学生にも最高の環境です。なかでも女川町には、起業について学ぶうえで、他の地域にはない特徴があります。

まず、起業家の密度が濃いこと。女川町には経営者がたくさんいます。人口に対する自営業者の割合が非常に高く、オーナーシップを身近に感じることができるはずです。

そして、強固なコミュニティであること。女川町はコンパクトシティというグランドデザイン

のもと、女川駅前を中心に、飲食店や物販、工房、コワーキングスペースなどが集中し、自然と人が集まり、日常的に活発なコミュニケーションが生まれるよう設計されています。ふらっと飲みに行くと、経営者や行政関係者、町長までいて気軽に話せるなど住民同士の距離感が近いことが特徴です。

何より、強い使命感があること。女川町は東日本大震災で町の約7割が津波の被害を受けました。それでも、この土地で事業を立ち上げている方がたくさんいます。そうした方々は、生活のためというだけではなく、「なぜ自分が女川でビジネスをやるのか」「誰のためにしているのか」などを、とことん突き詰めている印象があります。起業を目指すうえで、経営者の熱い思いに触れることの価値は計り知れません。

起業しても、3年で約半分が廃業し、10年で残るのは1割以下。夢を持って起業しても計画通りにいかないことばかりです。そうしたとき大切になるのは、自分はなぜこの事業をやっているのか（WHY）の絶対的な軸があるかどうか。我々が提供する事業に「創業本気プログラム」と名付けているのも、そのためです。単に会社を起こすのではなく、なぜやるのか、どう生きたいかを本気で考える。女川町には、

「生かされた私には何ができるんだろう。残りの人生を、どういうことに使うべきなんだろう」

と考えている人が大勢います。自分自身の体験が使命感に昇華されている人たちがたくさんい

るのです。

これらは、起業を検討している人にとっての女川の魅力だと思いますが、そのまま、地域を舞台に生きた学びを志向する、さとのば生に対してもアピールすべき内容だと思っています。

経済的支援の拡充と、自分らしく生きる選択肢の提供を

再び、個人的な話に戻ります。大学卒業後、アスヘノキボウの職員として実務を任されてきましたが、2年ほど前、「震災から10年、そろそろ次の世代に」と考えていた前代表の小松さんから、代表交代を打診されました。「1週間、考える時間をください」と伝えたんですが、一晩考え、翌日には「やります」と返事をしました。災害危機からの復興の意思・知恵を次の世代へつないでいきたいという想いがあったため、やらない理由が思いつかなかったからです。

2022年4月に代表に就任してから約2年。最近感じるのは、日本にとって女川という地域がどうあるべきか、視座をより高くし、より大きな時間軸で物事を捉えなくては、ということ。

私個人は、縁と運のお陰で女川に来ることができ、毎日、やりがいを持って働いています。起業家や経営者の方々を間近に見ていると、もちろん苦労はあるけれど、その根底には自分らしく

生きるという感覚を忘れずにもち続けている感じがしています。

　そうした生き方を選ぶ決断をするためには、思いや志を言葉にしていることが大事です。また、そこに飛び込んでも自分はやっていけるという自信を持つためにも、プロジェクトマネジメントやコミュニケーション能力なども必要だと感じています。ただ、そうしたソフトスキルを、実地で学ぶ機会が少ないが故に、選びたくてもその勇気を持てない若者が日本には大勢いる状態だと思っています。

　そうした選択肢を選べるだけの想いや志と、当たり前のように選ぶことができる力を身につける。その手段として、さとのば大学と連携していきたいと思います。

第5章

「学び3・0」とは何か

学校教育に「学び3・0」という世界観を

「学び3・0」で目指す方向性や学び方については、これまでの章でも少しずつお話ししてきましたが、この章では改めて、学びというものをどのように捉えてデザインしようとしているかについて、その基となった考え方も踏まえてご説明させてください。

まずは、私が考えるそれぞれの学びの定義について。

「学び1・0」は、教える側と教えられる側が存在し、何を、どのように学ばせるかを決めるのはあくまで先生です。明治時代の学制発布以来、長らく続いてきた、教室での集団的な学習や一方通行の学びです。

正解がある問題に対して、「どのように正解を再現するか」「いかに効率よくゴールに到達するか」を目指すインプット中心の学びと言っていいでしょう。大量生産・大量消費社会において全体に向けての最適化を図るべく、エネルギーを一方向に投下できるので、非常に効率的です。

効率よく学んだ知識や技術を活かして、活躍している方もたくさんいますが、時代とのマッチングという点で言えば、今後、活躍の可能性は低くなると言わざるを得ません。知識をたくさん有していることの価値は、ＡＩの進歩によって、限りなく小さくなるでしょうし、価値はなくならないとしても、求められる知識の量やレベルは格段にあがっていくはずです。

それに対して「学び２・０」は、例えば中学校や高校で取り組まれている課題研究や探究学習のように、個々人の興味・関心に基づいて学ぶテーマ設定をしたり、自己調整学習のように、自らの学習状況を把握しながら自分でやり方やペースを考えて進めていく主体的な学びです。学びの主役は学び手本人であり、これまで教える側だった先生は、生徒をサポートする役割にシフトします。

ただし、一人ひとりが異なる学習スタイルや進み具合で学ぶため、全体としての学びの場を設計することは、「学び１・０」と比べて難しくなります。

「複雑で予測困難」「正解などない」と言われる社会を背景に今、学校教育の現場では、「学び１・０」から「学び２・０」への拡張を目指しているわけですが、理念はともかく、浸透に時間がかかっているように見えるのは、これまでのインプット中心の学びに比べて効率が悪く見えることや、学習の成果を一律のペーパーテストだけでは評価できないなど、設計の難しさもあると感じます。

さて、「学び１・０」も「学び２・０」も、個人、もしくはクラスメートなど限られた集団内で進められる学びです。特に「学び１・０」は、先人が築き上げた知識体系を効率よく習得し、いかに個人としてそれらを活用できるようになっていくかが学びの中心となっています。

けれど、実際に社会に出たときには、仕事も暮らしも一人で完結することなどなく、ほとんどの場合において、職場や家庭といったコミュニティの中で、共通の目標や目指したい姿に向けて、それぞれの個人が持つ力を合わせながら進めていくことになります。

そう考えたとき、「学び１・０」「学び２・０」で培った個人の力を活かしながら、他者との関係性の中でものごとを動かしていくような学びが必要ではないか。個人の持つ力や思いと、他者やコミュニティの目指したい未来のどちらか一方だけにフォーカスするのではなく、それらを掛け合わせたり、調整しながら前に進んでいけるようになるための学び。それこそ私たちの目指す方向であり、それを「学び３・０」と名付けてみました。すなわち、**「個人の関心と他者との関係性を掛け合わせてアウトプットを生み出していく、共創的な学び」**です。


例えるなら、学園祭の模擬店のようなもの。模擬店を成功させるという共通の目的のために、ある人は会計を学び、ある人はマーケティングや宣伝を学び、ある人は調理の腕をみがくように、個人個人は別のことを学びつつ、チームとして一緒の未来に向かいます。

個々の学び手の学習目的と、学びの場全体における進みたい方向性が一致し、共創的にアウトプットを生み出していけるのが、「学び3・0」の面白さなのだと思います。

個人の創造性と集団的な秩序を両立させる「ティール組織」

こうした発想は、2018年に日本語版が発行された世界的ベストセラー『ティール組織』(フレデリック・ラルー著/英治出版)で紹介された新しい組織論の概念がヒントになっています。

この本ではまず、組織のあり方を、次ページの図にあるように衝動型(レッド)、順応型(アンバー)、達成型(オレンジ)、多元型(グリーン)、進化型(ティール)の5段階に分けて説明しています。

▼**衝動型(レッド)**は、オオカミの群れのような、力で支配されている組織。マフィアなどが、これにあたります。

▼**順応型(アンバー)**は、権力や階級といった身分を重んじる組織。軍隊や学校、教会などがその例となります。

▼達成型（オレンジ）は、一つの正解を細部まで広げる機械のような組織。大企業などがあてはまります。

ここまでの組織はすべて、上下関係があり、組織の規律や達成目標を重視するため、個人の創造性は豊かになりにくいという特性を持っています。

▼多元型（グリーン）は、成果よりも主体性や多様性を大切にする、家族のような組織。ＮＰＯ法人が近いとされています。ボトムアップ型の組織のため、個人としての創造性は尊重されますが、チームとしての統率性に欠けます。

▼進化型（ティール）は、一つの生命体のようにフラットな関係性のもと、権限や責任が分散された組織。進化しつ

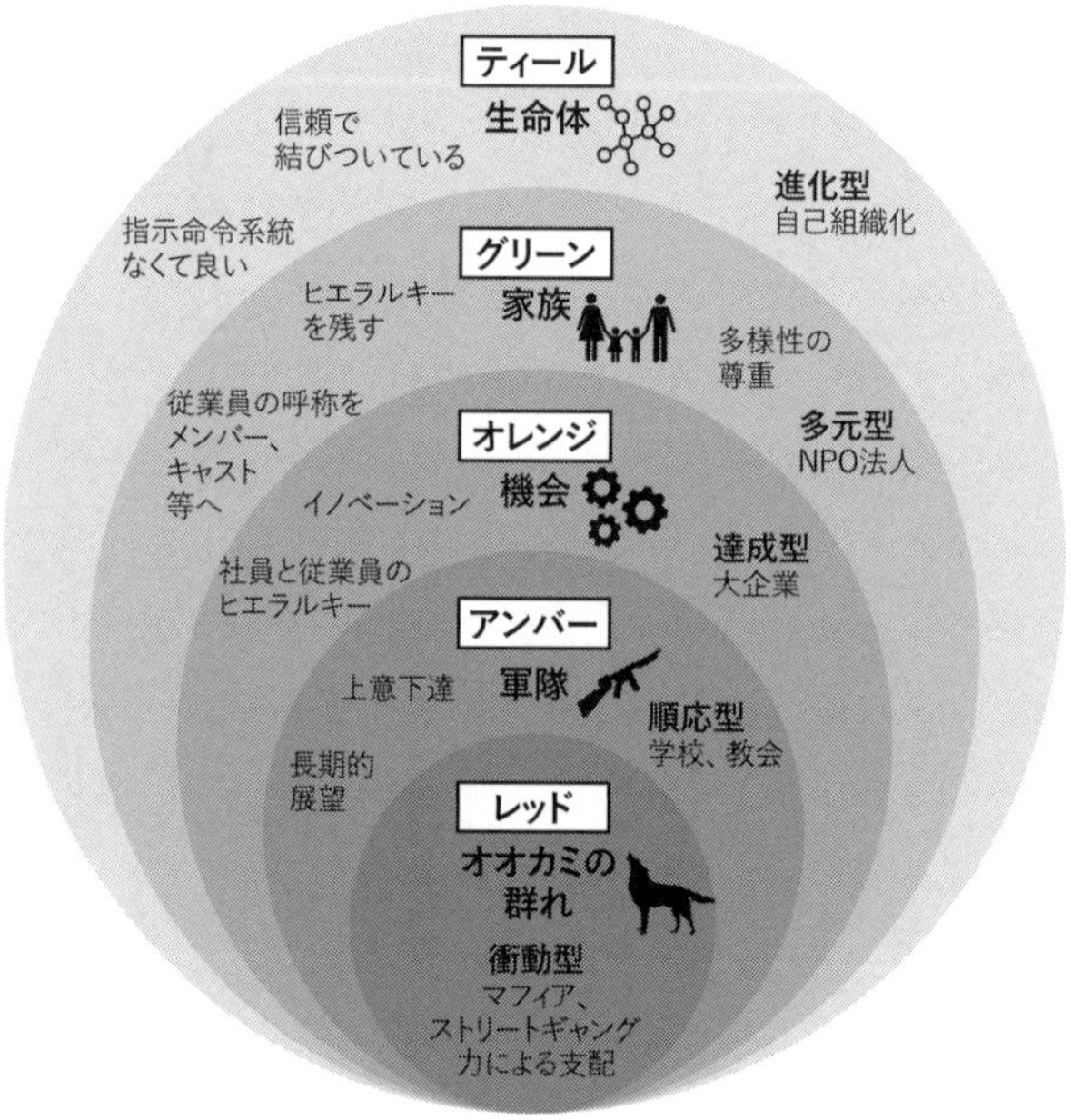

参考元：「組織の深化形態」（「Reinventing Organization」等より翻訳修正加工）
Shiro Yoshihara and Kenshu Kamura

づける組織とも呼ばれています。ある程度の秩序があり、メンバーは同じ方向を向いているけれど、それぞれの創造性は担保されているのが特徴です。

ちなみに、ティールとは青緑色で、アンバーは琥珀色のこと。原著では、わかりやすく色で分類しているのですが、日本人にはなじみのない色なので、少しわかりにくいかもしれません。

さて、「達成型」（オレンジ）までの組織は、トップに力が集中する形態をとっていたわけですが、「多元型」（グリーン）では、逆に分散の方向に向かっています。

それらに対して、権力の集中と分散が、固定化されず流動的に起こっていくのが「進化型」（ティール）だと私は解釈しています。実際、この本の解説者であり、私の古い友人でもある嘉村賢州さんは、以前行った私との対談で、以下のように話していました。

――「達成型」までの組織では、権力が集中することで、その組織を構成する一人ひとりよりも組織が優先されてきました。でも、かけがえのない一人ひとりが集まっているのが組織ですよね。だから人を犠牲にするやり方は違うし、人の上に人が立つということは本来おかしなこと。人によって権限が違うというのも変だし、自分の目的に沿って生きることを犠牲にしなければならない組織構造は間違っている。

その流れを経て、「多元型」のパラダイムが登場したことによって、「多様性を認め合おう」という世界が現れました。抑圧されてきた多様な価値観を表に出してもいいとされる社会です。—中略—

「多元型」までは、お互いの段階を批判し合うんです。「達成型」は「多元型」に対して「仲良しクラブで、何もできないでしょ」って言うし、「多元型」は「達成型」に対して「目的達成すれば何をやってもいいってわけじゃないよね」とか、「順応型」に対しては「ルールとプロセスにこだわりすぎだよ」と。

それに対して、「進化型」のパラダイムにいる人は、どの段階にも価値を認め、尊敬し、自分にないものがどう噛み合っていくかという多様性の調和にベクトルが向いています。多様性を〝認める〟「多元型」の状態から、多様性が〝活かされる〟ところへ向かうのが、「進化型」の大きなチャレンジだと言えると思います。

（引用元：greenz. jp 2021/3/3・Original Text：松山史恵）

この概念を知ったとき、「なるほど」と思い、先ほどのように、「学び」に当てはめて考えてみたんです。

「学び1・0」は、順応型（アンバー）や達成型（オレンジ）がベース。一握りのリーダー（先生）

の権力が強く、エネルギーを一方向に投下できます。学び手がどうあるかは関係なく、学びを提供する側の意図によって学習を進めることが良しとされます。

「学び2・0」は、多元型（グリーン）の学習スタイル。探究を個人に委ねるなど、全員が同じレベルのリーダーと言えます。つまり、個々人の主体性や多様性を大切にする組織であり、権力がフラットの方向に向かって動いていきます。学び手が自主的に学びたいことを学び、学びの提供側はチューターとしてサポートします。

そして、私たちが目指したい「学び3・0」は、個人も組織も共に進化する「進化型」（ティール）の学びです。学び手の学習目的と、学びの場全体における進みたい方向性の一致から、全体のための学びと、個人のための学びを行き来している状態を指します。

組織の構造は動的で、誰もがリーダーになれるし、誰もがプレーヤーにもなれる。あるプロジェクトのある瞬間はAさんがリーダーになり、Aさんが権力を手放したときは、次の誰かが立ち上がってプロジェクトを進めていくなど、役割は、そこにいる人たちの多様性を活かす形で柔軟に入れ替わっていきます。

実際の生活の中では、例えば保育園の子供たちの〝ごっこ遊び〟や、企業の新規プロジェクトの立ち上げ、災害支援時のチームづくりなどがイメージしやすいかもしれません。

ただし、全体の権力がフラットになることによって、往々にして、みんなが不幸になっていくという愚民主義、衆愚政治に陥ることがあります。『ティール組織』の中にも「グリーンの罠」という言葉が出てきて、みんなが権力を平等化する結果、何も決まらないし、何も進まないから全体として機能不全になることがあるのだとか。

また、フラットな組織も、時間の経過に従って役割が固定化されていく傾向があるといいますが、それは望むところではありません。権力がフラットであることと、権力があるからこその推進力を両立させつつ、権力の固定化を防ぎ、多様性を活かし続けることはできないか。

そのためにできることの一つが、時間軸でバランスをとることだと思います。わかりやすい方法が、任期制、定年制を設け、新陳代謝を図ることではないでしょうか。

もっと極端な例は、スクラップアンドビルドです。

アメリカ西部の人里離れた砂漠で、毎年8月末から1週間に渡って開催される「バーニング・マン」という大規模なフェスがあります。何もないところに参加者が集まって新たに「街」をつくり、共同生活を営みながら、それぞれの方法で自分を表現して過ごします。貨幣による商行為は禁じられ、見返りを求めない「贈り物経済」によって共同体を成立させています。フラットなコミュニティでありながら、創造性の発生装置となっているわけです。

このイベントが素晴らしいのは、1週間後、すべてを燃やして無に還すこと。一見、もったいないように感じますが、そうしないと、「10年前から、この場所でパフォーマンスしていますから」

といった人の発言力が強くなってしまい、初めて来た人との間に対立が生じかねません。だから、燃やして毎回リセットする。

権力の集中と分散が固定化されず流動的に起こっていくことで、多様性が活かされ続けるのが「進化型」（ティール）、という私の解釈に照らし合わせると、「学び３・０」は、そういう世界なんだと思います。

秩序とカオスを行き来する複雑系の世界

ティール組織に加え、「複雑系」の科学の考え方も、私が「学び３・０」について発想するうえで、ヒントになりました。

「ライフゲーム」というシミュレーションゲームをご存知でしょうか？１９７０年にイギリスの数学者ジョン・ホートン・コンウェイが考案した、生命の誕生、進化、淘汰などのプロセスを簡易的なモデルで再現したゲームのことです。インターネット上で広く公開されているので、実際に体験してみるとわかりやすいのですが、碁盤の目の各マスは、生命がいる、いないで黒と白に色分けされ、一定のルールのもと、生命は死んだり、繁殖したりします。

一見、無秩序に動いているように見えて、それぞれの動きには、固定化したり、同じ動きを繰り返したり、フラクタル（部分と全体が相似になっている図形）な構造になったりと、ある種の秩序があります。

しかし、流れの中でたまに、何の法則性もない動きが現れます。この、秩序とカオスを行き来する様は、まるで生命の進化のようです。

複雑系の研究をしているチームが、このライフゲームからこんな**図**（下）をつくりました。

▼**左下**が、全部ゼロか１（白か黒）の一様な世界。

▼**左上**が、秩序だけの世界で、同じ状態で止まっているか、同じ構造だけがとめどなく増殖していく世界。

▼**右下**が、法則性をまったく見出せないカオスの世界。

▼**右上**が、「カオスの縁」と呼ばれる、秩序とカオスが両方ある世界。まるで生命がバランスを取りながら新陳代謝を繰り返しているようにも見える。

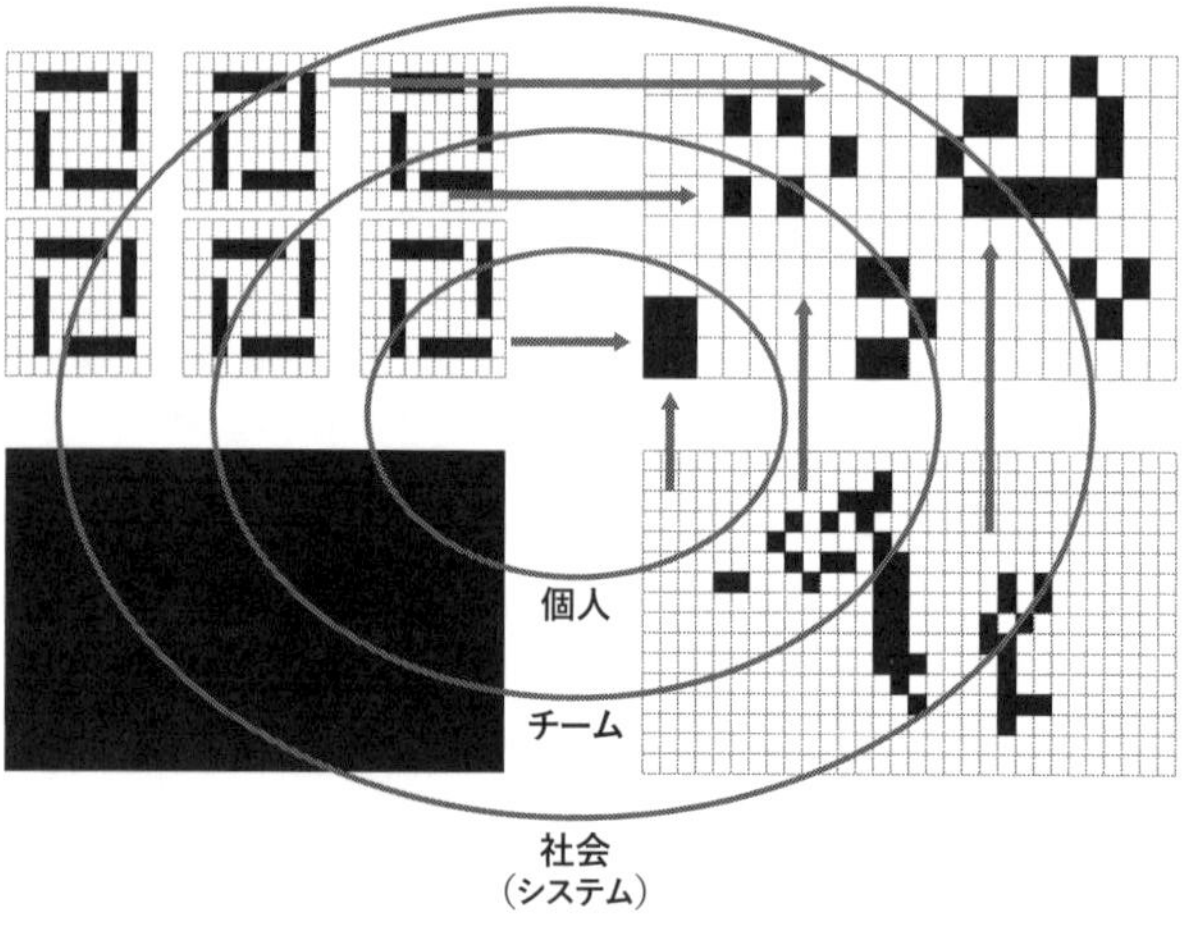

この複雑系の世界を、再び「学び」に当てはめてみました。

全体に向けての最適化を図る左上の「秩序型」の学びの型が、いわば「学び1・0」。正解がある問題を解くことで「どのように正解を再現するか」を学習します。

次に、法則性を見出せない右下のカオス的な学びの型が「学び2・0」。一人ずつが違う学習スタイルをとるため、全体での学びの場を設計することが難しくなります。「学び1・0」と違い、目的や秩序だった行動はここでは起こりません。

そして、右上の秩序とカオスの両方がある世界。これが「学び3・0」。全体または個人のどちらかのみにフォーカスするのではなく、それぞれの見たい未来が重なり合うとき、自分だけの学びから、誰かと共創的に生きるための学びになっていく、それこそが一番面白い学びだという感覚が私にはあるのです。

複雑系のほか、学びや組織、社会デザインについて探究する田原真人さんも、以前、行った対談で「学び3・0」についての話題が出た際、以下のように話していました。

——人間が情報をアウトプットするには、それに堪えられるだけのクオリティが必要になりますよね。そこで「学び1・0」の要素が入ってきます。ゴールが決まっていて、いかに効率よくそのゴールに到達するかという学び。だから、「学び1・0」はクオリティ重視です。―中略―

「学び2・0」はリアリティ重視。というのも、「学び2・0」では自分軸の価値観をそれぞれが表現し、その違いから学び合っていくからです。交流会のときに大事なのは、プレゼンの質よりも「この人、めっちゃ熱量あるな」とか「なんか自分と合うな」といったリアリティです。

「学び1・0」も「学び2・0」も、どちらがよくて、どちらが悪いということはありません。学びにはクオリティも必要だし、リアリティも大事。それなら、循環させようということで、ぐるぐる回るコミュニティ生成運動をやっていくというのが、僕の考える「粘菌型コミュニティ生成モデル」です。僕の言葉でそれぞれの学びを整理すると、

「学び1・0」は最適化です。平衡状態に落ち着いていくみたいな感じ。ゴールがあって、そこにいかにスムーズにいくか。

「学び2・0」はカオスを生み出すものです。平衡状態を壊していく動きですよね。

「学び3・0」は、その最適化と、外から入ってくるものとのパラメータを調整して、よりよい動的な秩序をつくろうとしていると捉えています。―中略―

ちゃんとした構造がいいんだというのが「学び1・0」。カオス的なのがいいんだっていうのが「学び2・0」。カオスと秩序を行き来する運動がいいんだというのが「学び3・0」で、そこに初めて時間軸が入ってくる。時間軸を味方につけて「学び1・0」と「学び2・0」とを行き来することで、その2つを統合しているイメージです。

（引用元：greenz. jp 2020/12/3・Original Text：松山史恵）

少し小難しくなりましたが、ティール組織や複雑系の考え方を踏まえ、改めて私の中で「学び」の型を整理すると、次のようになります。

「学び1・0」とは、
既にある正解を学ぶことに最適化した、インプット中心の学び。
「学び2・0」とは、
学び手が自分の興味関心や状態に合わせて学びをデザインする、主体的な学び。
「学び3・0」とは、
個人の関心と他者との関係性を掛け合わせてアウトプットを生み出していく、共創的な学び。

強調しておきたいのは、この3つは、優劣や順序ではなく、それぞれを組み合わせたり、行き来しながら学んでいくことが大切だということです。

そして、さとのば大学では、高校までの「学び1・0」や「学び2・0」で身につけてきた力を実地で思いっきり試せる「学び3・0」をメインに、必要に応じて「学び1・0」や「学び2・0」とも行き来できるような環境を提供していきたいと考えています。

社会の複雑性を前提に、リアリティの集積から学ぶ

実はこの本そのものも、「学び3・0」的な発想で書かれています。まず、社会はそもそも複雑です。いろいろな知見や状況があちこちに散在しています。今までの学問は世界の複雑さを捉えるときに、まずは事象を限定していって、物事を細かくして、そこで確認した「一つめの確かさ」を軸にそこから次の複雑さを理解していくという流れを取ります。

例えば図形でいくと、正方形の面積の求め方から学んで、長方形、ひし形、台形へとより複雑なものが理解できるようになっていくという流れ。こういうものを積み上げ式の科学と呼び、脳がとっても喜ぶ学び方です。理解がしやすく、できることが増えていくことが明確だからです。

一方で、自然界には、正方形なんてありません。台形すらめったにないでしょう。

下の図のⒶのように、本来社会は複雑であるはずなのに、私たちはそれを「自分たちの脳が理解可能な範囲」で捉えたくなります。結果、右側の**原理**Ⓑのように、社会の一部を切り取って真理のようなものを発見し、これを延長していくことで社会の全体が理解できるかのように錯覚します。

私たちはこういった学び方に慣れているため、わかりやすく「脳が理解できること」を教わると、わかった！　とか、賢くなったと思います。しかしそれは、社会の一つの側面の理解促進には役にたちますが、逆に社会の複雑さに耐える力から遠ざかることがあります。

私たちさとのば大学では、社会も学びもⒶのように複雑であることを前提に、その中で、世界を捉えるヒントとしてのⒸをたくさんかき集めることで、それらをどう実践の中で自分の武器にしていくかを考える場

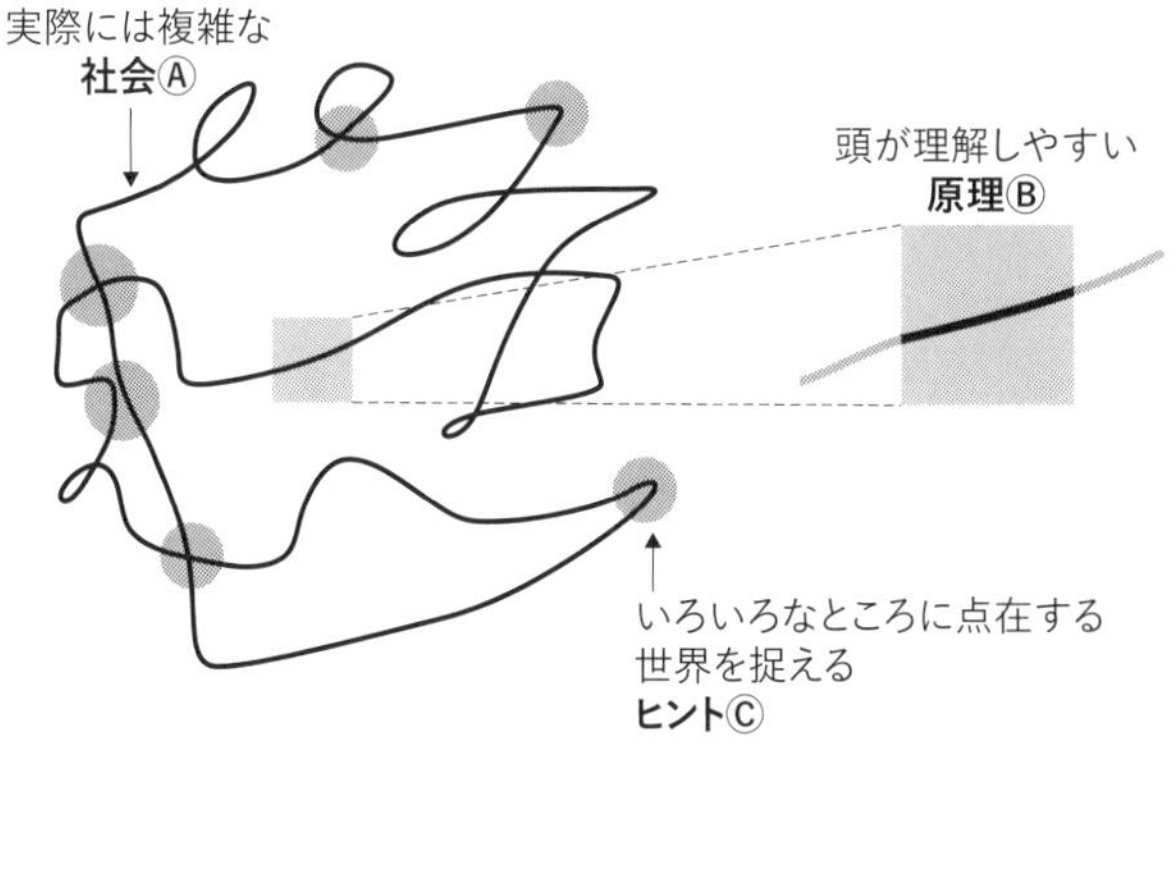

を提供しています。

この本も、Ⓑのようにわかりやすいシンプルな原理を積み上げて「学び3・0」の世界観を伝えるのではなく、具体的な実践やあちこちに点在しているヒントを紹介しながら、一緒に未来の学びのあり方を考えていくという流れになっています。

一つの挑戦事例であり、リアリティの集積としてさとのば大学の取り組みを紹介していますが、ここから得られるヒントを材料に、ぜひ一緒に未来の「学び3・0」という世界観を育ててほしいのです。

第6章

各地で胎動する、教育の新しいカタチ

ここまで、さとのば大学を中心に新しい教育の形を創ろうとする取り組みをご紹介してきましたが、新しい学びのあり方を模索する動きは、まさに今、全国の大学、学校、さまざまな教育機関で続々と始まっています。

さとのば大学としても、新しい教育にチャレンジする全国各地の高校と、これからの学びや進路選択をどのように進化させていけるかを共に探究する高大連携のコミュニティを運営していますし（2024年3月時点で23校と連携、現在も募集中）、個人的にも、志を同じくする多くの教育関係者と、交流を深めてきました。

本章ではその中から、インタビューおよび対談という形で6人のキーパーソンに登場いただきました。

唯一の正解がない時代を生きていく若者を育てるために、どういった視点が求められるのか。実際に新しいチャレンジに取り組む最先端の現場の声から、これからの教育へのヒントや、進化の胎動を感じていただけたらと思います。

Interview

キーパーソンに聞く｜1

ドルトン東京学園中等部・高等部 校長

安居長敏 先生

やすい・ながとし　1982年滋賀女子高校（現 滋賀短期大学附属高校）赴任。毎年授業の冒頭には「教科を通して、人生を教えるのだ」と宣言。2002年に退職し、ローカルFM局を設立、運営に携わる。また個人事業主としてインターネット接続サポート事業を始めるなど、過去や周囲に囚われない生き方を実践。2006年教育現場に復帰。滋賀学園中学校・高校、沖縄アミークスインターナショナル小学校・中学校校長などを経て、2019年ドルトン東京学園中等部・高等部参事（副校長補佐）に。副校長を経て2022年7月より現職。学校法人ドルトン東京学園理事。

「生徒の学びのために、それは必要なのか」を問い続けてきた学習者主体の学校

少し遠い話から始めますが、戦国時代、天下統一の結果として起こったことに度量衡の統一があります。それまで地域によって違っていた升の容量などの単位が共通規格化されたわけです。

そうなると、醍醐寺の五重塔など、それまでに建てられてきた塔のような「職人の仕事」はできなくなり、江戸時代に建てられた五重塔は、仕様が定まった「規格物」と言えなくもありません。

あたかも建売住宅のように、全国に似たような塔が建てられるようになったのだとか（『日本史 自由自在』本郷和人著／河出書房新社）。そのとき職人に求められるのは、天才的な閃きでも独創性でもありません。いかに規格に忠実に、手早く仕事をするかです。

明治以降の学校教育も、これと似ています。なかでも高度経済成長期の学校教育は、生徒たちに規格化・画一化した価値観を教え込む作用を多分に有していたと言わざるを得ません。

けれど今、その綻びが、あちこちで出始めています。生徒一人ひとりの身体や心の成長は千差万別。特性も大きく違うのに、みんなと一緒を求められ、それに合わないと「不適応」というレッテルを貼られてしまう。本来、教育とは一人ひとりにあった「醍醐寺の五重塔」を建てることだったはずではないでしょうか。

100年ほど前に、ドルトンプランを提唱したヘレン・パーカストは、こう語っています。

ドルトン東京学園中等部・高等部

2019年、東京都調布市に開校した中高一貫校。米国の教育家ヘレン・パーカストが詰め込み教育に対する問題意識から提唱した、学習者中心の教育メソッドであるドルトンプランを実践。自由と協働の2つの原理に基づき、「ハウス」「アサインメント」「ラボラトリー」を教育活動の柱とする。ハウスとは、授業のクラスとは別に、異学年の生徒で構成されるコミュニティ。日常的な交流や行事に取り組むなかで、多様性、社会性、協働性を育む。アサインメントとは、学習内容（単元・テーマ）ごとに、学習の目的や目標、方法や手順などが示され、生徒の学習設計をサポートする学びの羅針盤。ラボラトリーとは、授業での学びを深める時間。学年のテーマに取り組む基礎ラボと、個人の興味関心を深める探究ラボからなる。
さとのば大学とは、2023年より高大連携協定を締結。

「学校の真の使命は生徒を鋳型にはめることではなく、自分の考えを持てるよう自由な環境を整えてやり、学習するうえで生じる問題に立ち向かう力をつけてあげること」

今こそ、詰め込み型の教育から、学習者中心の教育への転換が必要であり、それこそドルトン東京学園が進む道だと考えています。

これまでの効率重視の学校教育のなかで生まれたものの一つが、一方通行型の一斉指導と、それを確認する定期テストです。無駄のないシステムのなかで、多くの知識を記憶し、テストで間違えずに答える力を育てることが学校の使命でしたし、そうした仕組みにうまくはまる生徒が優等生と呼ばれてきました。

知識のインプット、信岡さんの言葉を借りれば「学び1・0」自体を否定するものではありません。ただ、「これが正しいから、教科書に書いてあるから、試験に出るから覚えなさい」という教員からの一方的なアプローチは完全に否定します。そうではなく、常にインプットとセットで「これはどうなん。どう思う?」「こういう例もあるけど、どうかな」など、生徒の知的好奇心や思考を促す問いかけが必要です。

効率重視の学校教育で生まれたものとして、校則や服装指導もあげられます。しかし、それらは本当に必要なことでしょうか?

本校は設立時から、「生徒の学びのために、それは必要なのか、最適なのか」という議論を常に行ってきた学校です。生徒目線で学校の当たり前を問い直す。だから、定期テスト、校則、校歌、PTA、生徒会、修学旅行、チャイムといったものがありません。

正確に言えば、チャイムは今は朝と昼と帰りだけは鳴らしています。生徒会はありませんが、Dalton Student Councilという1期生が立ち上げた自治組織は存在しています。

また、修学旅行がない代わりに、異なるタイプの現地校に通ったり、10数人のグループ単位で行動する海外研修は充実しています。「みんなで行く旅行っていらんやん」と考えた結果ですが、なかには「修学旅行に行きたい」という生徒も現れました。その生徒は実現に向けて、在校生や保護者にアンケートをとりましたが、希望通りの結果が得られなかったため断念したようです。

このように要不要は、その都度議論すればいいだけの話。学校の当たり前を疑って無駄なものを排除するだけでなく、必要であれば、その時々の状況にあわせて形を変えればいいのです。

ドルトン東京学園が目指してきたのは、こうした「生徒中心の学校」であり、また「社会のリアルとともに歩む学校」です。なので、授業にも外部のいろいろな大人が登場します。本校の授業は、学習指導要領に基づいてはいるものの、教科書をトレースするようなものではないため、どう展開させるかは先生に一任されています。ですから必要に応じて、地域の人や保護者を含め、外部講師を授業に呼ぶのも自由です。

ただ、ここまで述べたような教育理念に共感して入学したはずの保護者であっても、大学入試が近づくと、不安になることも事実です。昨年の保護者会では、「こんなに自由にさせていて受験は大丈夫なのか」という声があがってきました。その質問に対し、私が改めて伝えた学校としての理念を要約すると、以下のようになります。

● **大学は目的ではない**…目的はもっと先にある。「これをやりたい」「社会をこう変えていきたい」といった目的を達成するために、いくつかの目標を置くわけであって、その一つが大学入試になるかもしれない。入試を目的にすると、入試を突破することがゴールになってしまい、そこで終わるか、それしか考えなくなる。目指すべきものはもっと先にある。

● **本校生徒が持つ力**…生徒は「自分の意見を相手に伝える力」を持っている。そのことは自信を持って言える。だから保護者のみなさんも我が子の意見を聞き、受け止めていただきたい。

● **大事にしたいこと**…本校で育てたいのは「生きる力」であって、大学入試を否定も肯定もしていない。手段として必要だったら、めいっぱい努力して取り組めばいい。ただ、高校を出てすぐでなければいけないかというと、そうとは限らない。人生に幼小中高大と続く1本のレールがあるとすれば、それを踏み外したり、立ち止まったり、後ろに戻ったりすることがあってもいい。レールは1本ではなく何本もあり、たくさんの分岐があっていいと思っている。

- **納得できる人生とは…**自分の人生を、いかに「納得できるものにしていくか」。それを判断するのは生徒であって、親ではない。
- **先生との関わり方…**学校は、校長のものではないし、先生のものでもない。一人ひとりの生徒たちのもの。
- **学校の日常…**いろいろな意見があって、ぶつかり合うことはもちろんある。先生たちも、日々意見の違いがある中で議論しながら仕事をしている。フルタイムで60人以上、非常勤や事務の方々を含めたら90人以上の教職員が集まる本校においては、それだけ幅広い価値観がある。

このように、教職員、保護者、生徒といった垣根を越えて本音で対話ができるところも、本校の強みだと考えています。特に、最後にあげた、幅広い価値観をどう生かすかが大切です。意見のぶつかり合いのなかにこそ学びがあると考えているからです。そこには先生と生徒という上下関係は存在しません。

例えば、ある生徒が教員に「先生たちは、Teamsというコミュニケーションツールの使い方がわかっていない」と指摘してきました。それに対して、「では、どうしたらいいのか、意見をまとめてみて」と返したところ、その生徒は教員会議で30分間、「こういう使い方をされて生徒は困っているから直してほしい」と堂々と発表しました。

生徒と先生が、学校のいろいろな課題や要望について自由に対話する「ドルトーク」という場も設けています。教員の学習会に、生徒が参加したり、そこに保護者が加わることもあります。頭ごなしに「学校はこう決めました。だから、こうしてください」は通用しません。「いやいや、私はこう思います。学校としてどうですか」といった議論の中で、誰かが折れることも含めて、みんなで導き出した結論に、なんとか自分の感情を合わせていく。

授業や空き時間を含め、学校生活すべての場面が、他者と関わりながら、互いの持つものを生かして、いかに形にしていくか。意見をぶつけ合い、自分たちで考えて行動する機会を6年間保障するのが本校の役割だと思っています。

こうした教育が成立するのも、生徒、保護者、学校関係者のドルトン教育への理解に加え、やはり、新設校だから過去に囚われず自由にやることができたというのは大きいと思っています。既存の学校で、ここまでやるのには合意形成がなかなか難しいかもしれません。

これまでと違う新しい教育の形を、世間に認めてもらうには、時間がかかるもの。それでも一歩ずつ丁寧にやっていたら、絶対わかってくれる人はいるはずです。私たちの学校から、さらに文部科学省の規定や枠組みを取り外した、さとのば大学さんのような自由な教育機関の必要性についての理解も、今後、必ずや広まっていくと思っています。

Interview

キーパーソンに聞く｜2

宮崎県立飯野高校 進路指導部長

梅北瑞輝 先生

うめきた・みずき　1978年宮崎県生まれ。皇學館大学文学部卒業後、2001年宮崎県立延岡東高校教諭。宮崎県立延岡青朋高校を経て、2008年宮崎県立飯野高校。教科は地歴公民科（日本史）。進路指導部長、キャリア教育推進リーダー、地域みらい留学担当、文部科学省事業事務局長（普通科改革、WWL連携）。校外でも、地域団体APEえびの代表、地域みらい留学推進協議会理事、全国高校生マイプロジェクト宮崎県事務局長、えびの市学力向上研究委員などを務める。

コロナ禍でも前を向き、自走する生徒たち 地域との協働によって、さまざまな課題解決プロジェクトが誕生

今でこそ「地域×探究学習」を掲げ、大勢の生徒が、地域を舞台に課題解決型学習や探究的な学びを繰り広げている本校ですが、私が赴任した当初は、これといった特徴のない学校に感じました。進学校というわけでも、就職を目指す生徒が集まる高校でもありません。学校の立ち位置がわからず、生徒数も減少するなかで、先生方も迷っているように感じました。

生徒も、部活動を除いて、自発的に何かに熱中しているようには見えません。初年度に3年生の担任を受け持ち、進路面談をしたのですが、目標が決まっていないという子がほとんどでした。「自分は、どうありたいのか」を考えるようにならないと、進路選択などできません。特に、総合型選抜（旧ＡＯ入試）では、大学入学以降の目的意識が問われます。

そこで、地域の多様な大人に触れ、さまざまな実体験を通して、自分もしくは地域の課題に向き合うことで、自分自身の内面や生き方を見つめることができないか、と考えるようになりました。

ヒントは、前任校である通信制高校にありました。同校では、スクーリング以外にも補習授業を受け持っていたのですが、そこにやって来るのは、全日制高校をドロップアウトした子から70代のおばあちゃんまで、さまざまな事情を抱え、異なる価値観を持った生徒たちです。互いに刺激を受けながら前に向かっていこうとする姿勢に、教育の原点を見た気がしました。

それまでの私は、模試の成績や大学進学実績を気にするタイプの教員でしたが、考え方を一変する転機になりました。その経験を、飯野高校でも活かすことにしたんです。先進的なキャリア教育や、今でいう探究的な学びを主導している県外の高校も参考にしながら、手探りで地域の人たちに協力を仰いでいきました。そして、２０１４年度から、2、3年生が実際に地域に出て、地域の人と共に課題解決に向けたアクションを起こす活動を始めました。

もともと、本校は市内唯一の高校ということもあり、地域や行政から手厚くサポートされてきました。人づくり＝地域づくりという考えのもと、地域、行政、学校の三者による共創関係が築かれてきたのです。

　そうしたなか、地域や企業と協働した数々のプロジェクトが誕生しました。ＪＲの赤字路線を活性化するために観光列車をチャーターして走らせたり、温泉郷を活性化するために、温泉水を使った水鉄砲合戦「えびのスプラッシュフェス」を開催したりといったものまで含め、大小数えきれないプロジェクトが生徒の手によって生まれました。

　自分独自の探究学習の成果を競う「全国高校生マイプロジェクトアワード」では、２０１５年に全国総合2位、17年と18年には全国優秀賞を受賞したほか、宮崎県高等学校家庭クラブ研究発表大会優秀賞、全国高校生ＳＢＰチャレンジアワードGoogleイノベーション賞、宮崎おにぎり

宮崎県立飯野高校

熊本県および鹿児島県に接する宮崎県えびの市は、温泉郷や農産物などの魅力的な資源がある一方、急速な人口減少などの課題を抱えている。その、えびの市にある唯一の高校が宮崎県立飯野高校だ。普通科（総合コース・探究コース）、生活文化科を設置する県内最小規模の学年3クラスながら、地域を舞台とした実践型の課題解決学習の取り組みで注目される。

行政や地域の人々のサポートも厚く、えびの市長が会長を務める「飯野高校を守り育てる市民の会」は、市議会、市教委、県議、市内各種団体、同窓会、PTA、中学校校長会、市企画課の代表で構成。校内に地域住民約100人が集まり、生徒と共に地域の未来について対話するイベント「えびの未来カフェ」も開催。2019年からは県外の生徒を受けいれる「地域みらい留学」の制度もスタート。2023年度には、全校生徒230人中、県外生が24人となり、同校の「地域×探究活動」を牽引している。

さとのば大学とは、2023年より高大連携協定を締結。

コンテスト優秀賞など、県内外問わずさまざまなコンテストに参加し、多くの賞を受賞しています。アウトプットの機会を多く設けているのは、結果以上のことを持ち帰ってくれるからです。受賞が生徒の自信や成長につながるのは当然、「日本は広い。こんな高校生もいたんだよ！」といった話を、わくわくした表情で周囲に語ってくれるんです。

２０１９年度には、文部科学省「地域との協働による高等学校教育改革推進事業（地域魅力型）」の指定を受けたほか、都道府県の枠を越えて全国から生徒を募集する「地域みらい留学」の制度も始まりました。

そうしたときに起きたのが、新型コロナウイルス感染症の感染拡大です。これまで進めてきた、さまざまな実践をどう継続していけばいいかわからず私個人は悲観にくれましたが、生徒たちは違っていました。オンラインで実施した最初の探究の授業で、「先生も、どうしていいかわかんないから、みんなで考えよう」と水を向けると、「こういう状況下で、自分たちができることは何か」について真剣に考え、議論を始めたんです。とても頼もしかった。

入学間もない1年生からも「先輩たちのようにやってみたい」という声があがりました。それまで学年単位で積み上げてきたものにタテのつながりが生じ、連続性が見えてきたことや、生徒自ら動き出す土壌ができつつあることが、とても嬉しかったです。

そうして生まれたのが、「手づくりマスクや玩具の福祉施設への寄贈」「海外オンラインプロジェクトへの参加」「テレワーク合唱による動画作成」「九州250万人会議」「飯野高生×東京大生プロジェクト」「オンライン文化祭」など、生徒主導のさまざまなプロジェクトでした。

個別の探究テーマを掘り下げることで、進路に結びつけていく生徒もいます。例えば、高齢化が進む地域の農業の事業承継について調査したある生徒は、「田舎の農業は凝り固まっているのでは」と疑問を抱き、農家の人に話を聞いたり、海外の事例を知るためオンライン研修に参加したりする中で、「持続可能な地域づくりに貢献したい。そのためには、さまざまな社会課題に触れ、自分自身がイノベーションを起こせる人材になりたい」という思いを強くし、国立大学への進学を決めました。

もっと広い世界から課題を俯瞰したいと話し、海外へ飛び出す生徒も増えました。取り組みを始めて数年を経た2017年には3人だった海外研修への参加者が、2019年には14人になりました。コロナの影響で海外渡航を断念せざるを得なかったけれど、それにめげず、カンボジアの企業のインターンシップにオンラインで参加した生徒もいます。

こうして、生徒が自走を始めるようになってきた今、次につなぐ人たちが出てきてほしい。そうした願いが通じたのか、大学進学のため一度は上京した卒業生が、大学卒業後、地元に戻り始めてきました。なかには、マイプロジェクトの宮崎県事務局の業務に携わっている卒業生もいます。

卒業生を地元に縛るつもりは決してありませんが、地域を持続させていくためにも、学校が地域活性の拠点の一つになればいい。それも、これからの高校教育のあり方の一つだと感じています。

本校は、地域の人だけではなく、市外、県外の多くの人にも支えられています。信岡さんにも、本校の生徒に講義をしてもらったことがあります。

数年前、さとのば大学開校の話を聞いたとき「とてもいい計画だ」と感じました。というのも、本校で学んだ生徒が、「卒業後、自分がしてきた地域を通じた学びや実践をもっと追究していきたい。この先の未来を、自分たちの手でつくっていきたい」と思ったとき、その受け皿となる進学先の一つになると思ったからです。実際、さとのば大学さんの話をすると、興味を持つ生徒や保護者もいます。

学校という枠を越え、地域、あるいは県外、海外に飛び出した生徒の表情を見ていると、とても生き生きとしています。そんなキラキラとした表情が、さとのば大学さんの学びを通じてたくさんつくられていくんだろうな、と想像しています。

特別対談

キーパーソンに聞く｜3

社会起業家、NPO新公益連盟代表理事

白井智子さん

しらい・ともこ　1972年生まれ。東京大学法学部卒業後、松下政経塾に入塾し、教育改革をテーマに国内外の教育現場を経験。1999年沖縄のフリースクール※設立に参加、校長を務める。2003年大阪府池田市教育委員会から委託を受け、全国初の公設民営のフリースクール「スマイルファクトリー」を設立。東日本大震災後には福島県南相馬市に「みなみそうまラーニングセンター」「原町にこにこ保育園」等を立ち上げる。2020年社会的企業・NPO団体等約150団体が加盟する新公益連盟代表に就任。文部科学省中央教育審議会臨時委員、内閣府休眠預金等活用審議会委員等。

4〜8歳をシドニーで過ごし、帰国後、学校の勉強が苦手なだけで人格まで否定する当時の教師に反発し、「勉強はできるけど先生の言うことを聞かない子」として小学生時代を過ごしたという白井さん。沖縄県恩納村や大阪府池田市でのフリースクール※の立ち上げや運営に関わり、「どんな子供も落ちこぼされない教育をつくること」をテーマに、不登校・いじめ・ひきこもり・非行などの課題とたたかう子供のためのサポートをしてきました。そんな白井さんに、日本の学校教育に対する課題感や、Network Schoolなど新たな取り組みについて語っていただきました。

※何らかの理由で登校できない子供を対象に学習支援ほか多様な活動を行う民間施設

社会やシステムに合わせるのではなく、個に合わせた教育の実現を

信岡　白井さんは、社会インパクトを目指して、教育と社会とを行き来されているイメージがあります。フリースクールの設立から出発し、広く社会とも関わっていくなか、中学校や高校などの一般的な学校だけが学びの場と思っていないからなんでしょうか？　当時の話からお聞かせください。

白井　まさにそうですね。私の活動の原点となっている、沖縄でのフリースクール立ち上げは1999年、26歳のときでした。住民投票でフリースクール反対決議が出て町を追い出されるなど、不登校の子供に対する理解が得られないなか、ようやく開校にこぎつけたんです。でも、集まった生徒は自由を履き違え、タバコは吸うわ、酒は飲むわ、やりたい放題。すぐさま全員を集め、開校までのストーリーや思いを話しました。「私もこの場所を必死に守るけれど、私だけじゃどうしようもない。一緒につくってほしい」って。すると、ずっと大人たちに否定されてきたなか、ようやく自分の可能性を感じることのできるこの居場所を守りたいって気持ちになったのでしょう。彼らの顔つきや態度が徐々に変わっていき、だんだんと他責的な言動が減り、前向きになっ

ていきました。最初は「関係ねえよ」といった反抗的な言い方もしたりするんですが、それは自信がなく相手を裏切ってしまうんじゃないかと怖いから、最初から「自分に期待するな」って信号を出しているだけだったりするんですよね。

ただ、私の中で引っかかっていたのは、「この子たちは、ここでは元気になったけれど、社会に出たとき、ちゃんと生きていけるだろうか」という不安でした。でも、杞憂でした。あれから25年。それぞれが社会で活躍しているし、幸せな家庭も築いている。私の事業を手伝ってくれている子もいます。世間には未だに「フリースクールは、普通の学校に通えない子が行く場所」という先入観がありますが、そんなことはありません。そう確信を持って言えるのは、自分の足で立って自分の人生を生きている、多くの子供たちのおかげです。

学校だけではなく法律も社会制度もそうですが、システムって本来、人が幸せになるために存在しているはずのものですよね。なのに現実には、システムに人を合わせようとしてたくさんの人を不幸にしているケースがとても多い。型にはめるのではなく、自分の幸せを、一人ひとりの個人が自身でつくれるようになるための教育が必要だと思います。

信岡　既存の学校だけで閉じることを良しとせず、学びの場を社会全体として捉えているのも、そうした経験や考えが背景にあるわけですね。

白井　はい。今、取り組みを始めている小中学生を対象としたNetwork Schoolでは、まち全体をキャンパスと捉え、学びと、仕事や暮らしとの境界を溶かしていこうと試みています。まちの中には多くのプロフェッショナルがいるのに、学びを教室の中だけに閉じ込めておくのはもったいない。越境体験、つまり異質なものに触れたときの学びのインパクトってすさまじいですよね。

一つのまちの中だけに、学びを閉じる必要もありません。例えば、自然豊かな中山間地域で生きた体験をしながら、ネットワークを活用して世界中の人々とつながり、最先端の学びにも触れることも、今の時代ならできるはず。そういう点では、さとのば大学さんの実践を、違う年齢層でやろうとしていると言えるかもしれません。

信岡 越境に関していえば、海外留学の取り組みにも力を入れられているとか?

白井 ピースウィンズ・ジャパンというNGOでは今、児童養護施設の高校生に海外留学の機会を提供する取り組みをしています。かわいそうな子供を支援しようなんて、おこがましい発想ではありません。日本は今、チェンジメーカーやイノベーターを必要としていますが、まるで足りていない。だったら、今までチャンスが得られなかった層に探しにいこう、というのが出発点でした。そうしたら、いるんです。2023年春に8日間のスタディツアーに参加した6人からは、「自分が見ていた世界がいかに狭いかを知った。視野を広げるために海外で学びたい」「今まで支援される側だったが、自分にも人を助けられることがわかって嬉しい。人を助ける仕事がしたい」といった声が続々とあがってきました。

信岡　異質なものに触れることで、知らず知らずの間に自分を縛っていたリミッターを外すことに慣れていきますよね。特に、今の状況に不具合を感じている子のほうが、リミッターを外すことで生じるエネルギーは高いような気がします。もう一点、見知らぬ地域に入っていく学びは、〝困難やあいまいさに耐える力〟をつけるための練習になると考えています。ところが、保護者からすると「そうかもしれないけれど、それで結局、就職はどうなるの」と卒業後の保証を求められることが多いんです。そこには、正解がない社会を生きるための学びに、正解を求められているような矛盾を感じることもあります。

白井　フリースクールでも当初から、そのことを問われてきました。それこそ「フリースクールに行った子たちは、その後どうなっちゃうんですか」と、ネガティブなトーンでよくきかれます。それに対して、冒頭話したような実体験をもとに、「皆さんが思っているよりずっと普通ですよ。一時レールから外に出ただけで、みんなちゃんと自分の人生をつくっています」と答えてきました。強いて言うと、教育や福祉の領域に進む子が多いかな。自分は一旦つまずいたけれど、教育や福祉に助けてもらったから、今度は自分が助ける側になりたいという言葉をよく聞きます。

いわゆる普通のレールにはまらない子も大勢います。何が何でもそこに乗せようとするのではなく、その子の人生にちゃんとフォーカスして考えてあげることが重要だと思います。

信岡　一度〝普通のレール〟から外れてみることで踏み外すことへのハードルが下がり、結果、周囲に流されず、自分の意志で人生を選択できるようになっていくという面もあると思います。そちらの勇気を早くに身につけたほうが、生きやすくなるとも言えるのではないでしょうか。そういう点では、いわゆる普通のレールである学校教育の課題感について、どうお感じですか？

白井　フリースクールには、本当に多様な子が入ってきます。そもそも人間は一人ひとり脳のつくりも、身体のつくりも違うんだから、同じやり方、同じスピードで、同じことを学べるわけがありません。その点、国の教育議論で「個別最適な学び」が俎上に上がってきたことには期待をしています。先ほどリミッターの話題が出ましたが、学校はその子特有の才能や情熱を解き放てる場であるべきだと思うんです。

ただ、公教育ならではのさまざまな制約があることも理解しています。なので、私がするべきことは、公教育ではすぐには実現できない選択肢をつくり、「なんだか、あっちも良さそうだぞ」って思ってもらえるようにすることかなと。既存の学校を否定するつもりは毛頭ありませんが、選択肢がなさすぎるのが問題だと思っています。

信岡　同感です。ただ、さとのば大学をやる中で感じていることとして、変化の波を起こしていくためには、大学への入り口、すなわち高校の進路指導や、出口である企業側の人事や採用のあり方も変わらなければならないということ。そう考えると戦線拡大がとめどなく続きそうな気がして、途方にくれてしまうこともあります。

白井　確かにそうで、私自身も、この国で生きづらいと思うことも多いですし、実際、意識して時々海外に出るようにしています。ただ、未来を担う子供たちの可能性を解放することをあきらめたくないし、この閉塞感を打破したい。そのとき、ひとつ有効だと気づいたのが、新しい教育の選択肢に対して否定的な人でも、「海外ではこういう事例がありますよ」と話すと耳を傾けてくれることがあるということ。それこそ、発達にでこぼこがある子供たちの対応に関して、海外では多くのメソッドが開発されていたりします。そういうものを含め、海外の好事例を紹介するというアプローチも使いながら、日本の教育に選択肢をつくっていきたいと思っています。

信岡　あちこちのチームの中にカウンターパートナーが必要になってくるんでしょうね。

白井　その通りですね。例えば、経済同友会代表幹事の新浪剛史さんが、企業とＮＰＯとが連携して社会課題解決や社会貢献をしていくことを重視した発言をされているのは、潮目が変わるきっかけと感じています。各セクターにカウンターパートナーをつくって、みんなで変えていく動きは大事。私にとって、さとのば大学の存在も希望です。

信岡　まだチェンジメーカーと言われる人の割合は少ないですが、各セクターの連動で、それが例えば１００人中10人になれば状況はガラッと変わっていくはずで、私はそこに希望を感じています。最後に、読者の方へメッセージがありましたら。

白井　私は普段、保護者からさまざまな相談を受けますし、三人の我が子の教育にも常に悩んでいますが、残念ながら「ここに任せたらいい」と、丸投げでお願いできる場所は無いと気づきました。やはり、保護者や先生、周りの人たちが、一人ひとりの子供にとって本当に必要な学びを一緒に考えていくことが大切ではないでしょうか。正解はありませんが、私自身は、越境体験のために、あえて我が子を出張に帯同したりもしています。学校だけではなく、放課後含め、いろいろな学びの機会、学びの選択肢を組み合わせていく時代になっていると思います。

あとは、大人が学び続けること。我々大人が、今までの学びの枠内でモノを考えるのではなく、生涯にわたってアップデートし続けないと、変わり続けていく時代の中で子供たちの無限の可能性を解き放つことは難しいと考えています。死ぬまで学び続けて、変わり続けて、皆で面白い未来を創っていきたいです。

（対談 2023年11月）

宮田裕章さん

Co-Innovation University（仮称・2024年10月文部科学省申請予定）学長予定者

みやた・ひろあき　1978年岐阜県生まれ。2003年東京大学大学院医学系研究科健康科学・看護学専攻修士課程修了。同分野保健学博士（論文）。早稲田大学人間科学学術院助手、東京大学大学院医学系研究科医療品質評価学講座助教を経て、2009年同准教授、2014年同教授（2015年より非常勤）。2015年5月より慶応義塾大学医学部医療政策・管理学教室教授。専門はデータサイエンス、科学方法論、Value Co-Creation。2025日本万国博覧会テーマ事業プロデューサーをはじめ多様な社会活動に携わる。地域と共に創る新しい未来のイメージについては今後SNSなどを含めさまざまな媒体で発信していく。

問いを立て、他者とつながりながら考え、新しい価値を生み出していく。そうした共創社会のプラットフォームとなる大学をつくる

信岡　宮田さんは、慶応義塾大学の医学部教授でありながら、岐阜県の飛騨市に設立する新しい大学の学長（予定）を引き受けられたわけですが、飛騨とは縁があるのでしょうか？

宮田　小学生のとき岐阜に住んでいたんです。ちなみに幼稚園は熱帯地方の途上国で、中学以降は東京の郊外で過ごしていました。途上国、地方、郊外、都市など多様な社会で暮らした経験か

らか、学生時代から「多元的な価値で駆動する未来が来るはず」と周囲に語っていました。

また、「社会に貢献できる仕事に就きたい」という思いも強かったのですが、そんなことは、誰でも、どんな時代の人でも思うことですよね。でも、今までと、これからとでは大きな違いがあります。その最たるものが情報技術の進歩。ならば、デジタルというものを私のアプローチの中核に据えて、社会に貢献しようと。そのフィールドとして選んだのが医療の分野でした。

信岡　「医療」自体が目的というより、社会貢献のための手段であったんですね。

宮田　そうなりますかね。なぜ「医療」かというと、例えば経済の分野で、今でいうシェアード・バリュー※の話をしても、「何言ってるの。それでビジネスが回るの?」という話になりかねません。一方、医療の分野では、QOL（Quality of life）の向上が重視されるなど、「お金はあくまで手段」という価値観が確かにあり、そこが私の出発点となりました。

その後、Well-Beingやサステナビリティ、学習するコミュニティなどの概念が社会に浸透し、まさに多元的な価値で駆動する時代が近づくなかで思いは広がり、アートやヘルスなど、医療以外の仕事のウェイトが高くなってきたのですが、自分の中では一貫性を伴っているんです。

そして、その核となるのが将来世代の道をつくる「教育」です。CoIUの学長（予定）を引き受け、人生の大きな選択として、リスクを負って大学づくりに全力で挑戦しているのは、そうした思いがあるからです。信岡さんは、どのような思いで、さとのば大学を設立したんですか？

※一つの戦略・活動によって、一見、相反しがちな社会価値と企業価値の両方を生み出したり、価値を共有すること。

もともとは島根県の島で、持続可能なコミュニティをつくる活動をされていたそうですが。

信岡　海士町という隠岐にある島で6年半活動し、一定の手応えを掴んだのですが、同時に限界も感じました。一つの島を社会の縮図としてモデル化しても、人口減少といった大きな社会課題にはとても追いつけません。アプリケーションとして面白いものを一つ創るのではなく、OSとして社会全体を地域分散型に変える必要がある。それは島の中の活動だけではできないと感じました。

また、全国の多くの地域を見ていくなかで、完璧な地域などないことにも気づきました。それは悪いことではなく、だからこそ、いろいろな地域を越境し、良いところも悪いところも体感する多元的な学び方が有効ではないかと感じたのです。

私は、大学の持つ、いろいろなことに挑戦でき、かつ失敗も許される豊かな時間に可能性を感じています。だったら1年ずつ計4年という時間をかけて、全国のユニークな地域を巡り、実際のプロジェクトを通じて、成功からも失敗からも多くを得られるような生きた学びができる大学

「Co-Innovation University」(仮称・2024年10月文部科学省申請予定)は、2026年4月の開学を目指す新しい四年制の私立大学。「ともに」という意味のCoを強調し、略称は「CoIU」(コーアイユー)。「人々がより良く生きる豊かな未来」につながる新たな価値創造を目指し、多様な人々、コミュニティ同士が互いのために補完しあい、また、その価値を高めあいながら、持続的に課題解決および社会変革に向け協働するという思いが込められている。キャンパスは、岐阜県飛騨市に置くほか、全国各地に計15の学習拠点を整備予定。共創学部に1学年120人の定員を予定している。(データは2023年2月20日現在)

をつくれないかと考えました。物理的な距離のハンデや、横のつながりについては、宮田さんが指摘する通り、情報技術の発達によっていくらでもカバーできるようになったわけですし。

宮田　素晴らしいお考えだし、私たちがしたいことと似ています。これまでの大学は、いわば筋トレばかりしていました。そうではなく、実際のフィールドに出て、鍛えた筋肉を実際に使いながら、今後、さらにどういう筋肉をつける必要があるかを学びながら成長していく必要があると思います。

私は、信岡さんが提唱している「学び3・0」の考え方にも賛成で、膨大な時間をかけ、スタンドアローンで修得した知識の量で人を評価することが、産業革命以降の学び方のモデルでした。それが時代に合わなくなり、初等中等教育を中心に探究シフトが進んできました。けれど、その子たちを受け入れる大学は依然として偏差値教育の枠組みから脱していません。

そうこうしているうちに生成ＡＩが登場し、簡単に答えが提示されるようになった今、何が人間に求められるかというと、やはり問いを立てる力です。地域に出て、商店街を盛り上げるためには、海を綺麗にするためには、高齢者に寄り添うためにはどうすればいいか。そういった課題を発見し、多様な他者とつながりながら考え、新しい価値を生み出していく。さとのば大学さんがしていることや、ＣｏＩＵがやろうとしていることって、そうした共創社会を創るためのプラットフォームになることだと考えています。

信岡　本当に、世界観が近いですね。地域を移動するという点では、「日本版のミネルバ大学っぽいね」と言われることも増えてきたんですが、私たちはすごくローカルなところ、人口でいえば数万人以下の地域を主なフィールドにしています。そして、各地域の受け入れ人数は、毎年数人。10数地域あるとしても数十人といった規模感から展開していこうとしています。

宮田　なるほど。一人ひとりの興味関心に寄り添うためには少人数教育である必要があり、その点は、私たちの大学も同じ考え方です。ただ、それぞれの特徴もあって、ＣｏＩＵの方針としては、企業人のリカレント、リスキリングなども含め、あるいは再生エネルギーといった時流にも乗りながら、よりボリューム感のある教育を目指そうとしています。

そのため、我々は飛騨にメインキャンパスを置きつつ、全国各地にも拠点を展開する予定です。さとのば大学さんと少し違うのは、東京や大阪、ニューヨークや上海ですら「地域」と捉えていること。都市を、単純に地域の対抗概念とはせず、地域の一つの形態として捉え、それぞれがつながりながら新しい社会をつくっていく。都市化という、どうしても経済合理性が第一に来る流れに対して、どうカウンターをつくれるかというのも挑戦の一つなんです。

信岡　経済合理性の追求≒都市化という流れへの対抗に関しては、実は海士町の動きが面白くて、外から600人もの移住者が来ていたのですが、それぞれの年収は下がっているんです。ということは、お金をいくら稼げるかではなく、どんな暮らしをつくっていくのか、どんな未来を共有できるかということを目的に人が集う、そんな流れが起こっているのではないか。

私は、人が集うコモンズ（共同体）には時代による変遷があると考えていて、長らく続いていた代々の土地に縛られて移動が難しかったコモンズを「過去共有型」とすると、近代になって、それが会社というお金を稼ぐことを目的としたコモンズ（「現在共有型」）に変わったわけです。そしてこれからは、価値観を共有し、同じような未来を描く「未来共有型」のコモンズになっていくのでは、と期待しています。

宮田　その世界観、とてもいいですね。「現在」だけを見ていては、足元にある不平等や対立を解消することは困難です。けれど、「未来」を見たうえで、そこに向かってどう歩いていくかという話であれば、対話の糸口が開けてくるでしょう。

今の大都市のように、巨大な経済マシーンに組み込まれてしまうと、スピード感に圧倒され、呼吸するだけで精一杯になりますが、そのコミュニティの行きつく先に、一人ひとりがつながりながら互いにWell-Beingであり続ける状態、それを我々はBetter Co-Being（ベター・コービーイング）と名付けていますが、そうした未来があることを実感できれば、人はつながることができるはずだと信じています。

信岡　ちなみに、そうした時代の変化が進んでいる一方で、新しい価値観、教育観について理解してもらうことの難しさを感じることはありませんか？

宮田　親御さん世代との認識のギャップをいかに埋めるかという話ですよね。

難しさは当然ありますが、我々が新しい価値を提供していくというのであれば、まだきちんと可視化できていない価値を、明らかにする努力に妥協をしてはならないと思っています。

今までの社会では、知識・スキルが豊富な人が優秀な人とされてきました。あるいは偏差値とか、就職率とか、所得といったわかりやすい尺度で、幸せというものを定義してきたわけです。けれど、そうじゃない世の中に変わるのだとすれば、それは一体なんなのか。いわゆるWell-Beingが高いとか、人生において多様な選択肢を持っているとか、周りとつながっているとか、生き甲斐を持っているとかを含めて、ここで学んだ学生が、どのような生き方をしていくかを見せていくことが必要じゃないか。

あるいは、学生が主体となって始めた共創プロジェクトが、社会にどのような価値をもたらしたかなど、経済だけでは括れない、さまざまな側面の価値を一つひとつ可視化していく必要があると感じています。

簡単にはいかないことも含めて、そうやって新しい価値を一緒につくっていく。さとのば大学さんを含め、さまざまなセクターにいる同志とも「共創」しながら進めていきたいと考えています。

（対談　2023年9月）

特別対談

キーパーソンに聞く｜5

山本秀樹さん

Dream Project School代表（元ミネルバ大学日本連絡事務所代表）

やまもと・ひでき　AMS合同会社代表、Dream Project School主催。1975年生まれ。慶応義塾大学経済学部卒。大学卒業後、東レ株式会社にて高機能繊維の新規用途開発を担当。2008年ケンブリッジ大学経営管理学修士（MBA）。その後、ブーズ・アンド・カンパニー（現PwC Strategy&）を経て、住友スリーエム株式会社（現スリーエムジャパン）へ。2014年独立。2015年から2017年までミネルバ大学日本連絡事務所代表を務めた。現在は中等教育、高等教育、企業や社会人向けに、幅広い分野の意思決定に応用できる思考習慣を育むカリキュラム開発や研修講座を提供している。

世界中から入学者が殺到し、ハーバード大学よりも難関と言われる新しい大学がアメリカにあります。すべての講義がオンラインでありながら、世界7都市を渡り歩くフィールドワーク型のカリキュラムを実現したミネルバ大学です。2022年春から社会人向けのコースが日本でも始まり、さらに注目を集めています。海外と日本との違いはあり、設立背景も違いますが、ミネルバ大学を語ることは、日本の教育の未来を語ることでもあります。そのミネルバ大学で日本連絡事務所代表を2017年まで務めた山本秀樹さんと対談しました。

ミネルバ大学に学ぶ未知の世界を生きる思考能力

信岡　私がミネルバ大学について認識しているのは、全寮制で世界7都市を4年で巡りながら、体系化された実践スキルが落とし込まれた学習メソッドを、専用のオンラインツールを使って学ぶということ。特にオンライン学習ツールは、90分間の授業中教員は10分しか発言できないとか、各生徒の発言量を把握できるなど、特徴的な仕組みだと感じますが、実際にはいかがですか？

山本　確かに日本でミネルバ大学が取り上げられるとき、オンラインアプリケーションがよく強調されます。「ツールさえ手に入れればミネルバになれる」みたいな勘違いがよくありますが、そもそもミネルバ大学の授業プラットフォームは、「理想の高等教育」を実現するために開発されたテクノロジーなんです。そのため授業中よりも、授業後に生徒の発言を分析したり、授業設計をサポートしたりする機能に利点がある。本来大学の役割は、変化し続ける社会でも、ちゃんと自分で考えて問題解決するための思考やコミュニケーションの力を育むことですよね。そのためには、一人ひとりの発言にさまざまな観点からフィードバックを行うことが大切です。例えば「批判的思考力」を構成する思考習慣の1つに「情報の質」があります。この思考習慣を各学生がどのくらい授業中やプロジェクト学習で実践できているかがわかるデータを蓄積して共有し、どう授業に反映するか確認したうえで、次の授業を組み立てていく、といったサイクルで使われています。

信岡　そこに、プロジェクト学習が組み込まれていくということですか？

山本　そう。ミネルバの授業って、日本の学校でいう「授業＋課外活動」のようなものなんです。オンライン授業と同時並行で、世界7都市で特定の文化圏や地域にとどまらないプロジェクトを経験していく。授業に加えて、環境の異なる複雑性を持った都市で課外活動することによって、関係構築力やコミュニケーション能力といった非認知領域的な力も鍛えられる、ということです。

信岡　そんな中で学生がどのように育っていくのか、山本さんからはどう見えていましたか？

山本　例えば、日本で働く元ミネルバ生を見ると、キャリアの進み具合が全然違います。ある中国人の卒業生は、孫正義さんの下で、普通はMBAを取ってベンチャーキャピタルを何年かやった人がするような仕事を、2年目からやっていました。彼・彼女らを見ていると、自分の意思で生きているなと思います。こう生きたいという確固たる目標に向かって歩いている感じがします。

信岡　本当に、グローバルなリーダーを輩出し始めているわけですね。どうすればそんな人材が育つ「学び方」が提供できるのでしょうか？

山本　ミネルバ大学は、専門的な教育より、むしろ初年次教育や学部教育にフォーカスしています。つまり、未知の世界で生きるために必要な個人の思考能力など、基礎的なコンピテンシーを重視しているということです。まずは、正しく情報を判断する力。次に、クリエイティブ（創造的）

に考える力。それから、人に伝えるコミュニケーション能力。そしてインタラクション、つまり他者と関係を構築する力です。例えば、情報の裏には、何らかの意図がありますよね。正しい情報から意図を抽出することができれば、自分が判断するときの選択肢や、どんな要点を押さえればよいかがわかってきます。これが「情報判断」であり、分野横断的に使える力なんです。

信岡 正しい情報をもとに、自分の考えを創り出し、他者に伝え、協働していくようなイメージでしょうか。本来教育で育むべき力の本質という感じがしますね。

山本 はい。それを科学的かつ効果的にトレーニングするという目的のために、冒頭で話した専用のオンラインアプリケーションが活用されています。「今の発言は、説得力という観点で見るとこういうところが弱いですよ」と、授業中の学生の発言ごとにフィードバックして、それをすぐ次の授業に反映していく。アスリートがプロのコーチに横についてもらいながら行う筋力トレーニングのような鍛え方が、繰り返しできるわけです。

信岡 期末テストなどでの評価ではなく、日々の授業内での発言に対して、評価やアドバイスがすぐさまもらえるんですね。それは授業だけでなく、プロジェクト学習にも当てはまりますか？

山本 そうです。例えばインターンシップでも、「この学生はこういう思考のクセがあり、ここが強化ポイントなので、こんなタスクをプロジェクトとして与えるのはどうでしょう」と、教職員がデータを基にオファー先の企業や団体と調整していました。先方の人材育成像も聞きながら、将来リーダーになる人にどんな資質を備えてほしいか、という観点でマッチングする仕組みです。

信岡　どういう力を伸ばすためのプロジェクトなのか、学生側も企業側もお互いにわかっているということですよね。システムや仕組みの背景思想が、とてもしっかりしている感じがします。

山本　こういう背景思想があるからこのツールを使おう、という発想で、アプリケーションは、外部のシステムでも自前のものでも、より良いものがあればどんどん採用していました。

信岡　「なぜこれをやる必要があるのか?」と考えた上で手段を選ぶというのは共感します。さとのば大学も、「たくさんのプロジェクトを小さく始めて、ステージを上げていける実感値を持つ経験が大事じゃないか」という思想から始まりました。多くのプロジェクトを立ち上げる機会に恵まれるためには、物事が動いている地域のコミュニティに入るのが良いけれど、地域だと人やノウハウなどのリソースが足りない。そこで全国をつないで水平軸に教員や仲間がいる状態をつくれたら面白いという発想で、オンラインを活用する今の仕組みに落ち着いた経緯があります。

山本　目的から仕組みに落ちているというプロセスは、同じかもしれません。

信岡　さとのば大学も、日本全国の地域を1年ずつ巡り、プロジェクト実践とオンライン対話型の講義でハイブリッドに学ぶという点で「日本のミネルバ」みたいな表現をしていただくことがあります。山本さんからすると、さとのば大学はどんな風に見えていますか?

山本　グローバルとローカルの違いはありますよね。一般的なミネルバ大学のイメージって、学びの拠点をグローバルに移動することや、経験学習による「思考コミュニケーション」を重視しているところだと思うんです。さとのば大学は、日本のいろんな地域を回って、地域創生プロジェクトに深く関わりますよね。ローカルな分野に進みたい人を、経験学習を通して育てるという意味では、ミネルバ大学における1領域のプロジェクトをより深くやるような印象ですね。ミネルバ大学にも、地域創生みたいなものがたまらなく好きな子っているんです。そういう子は、3・4年生になったら、さとのば大学に入ったら楽しいんじゃないかと思います。

信岡　面白いですね。両者に共通する「あたらしい学び」みたいなところはあるのでしょうか？

山本　実際に地域に入り、イマージョン、つまり没入経験から学ぶ点はすごく似ていると思います。さとのば大学が「ネットの大学managara」と提携したことも、とても良いと思いました。

信岡　プロジェクト学習を取り入れる学校は増えてきたけれど、授業時間だけの経験学習にはやっぱり限界があるんです。「どこにいても学べる」というオンラインの利点を活かすと、没入経験が豊富な地域で実際に生活することで、よりリアルで深い経験学習ができると思っています。

山本　僕も日本でミネルバ大学のように思考コミュニケーションを学べるインフラをつくりたいと思っているなかで、「ネットの大学managara」のようなオンラインの大学に、さとのば大学のような、とことんイマージョンするプロジェクトが加わると、ミネルバっぽさが増すだろうと思っていたんです。さとのば大学で学ぶ学生も、オンラインの柔軟性を活かしながら、学んだことをどんどん地域の実社会で試してほしい。「あれ、なんかうまくいかないな」「もっとこういう風にしたほうがいいのでは？」などと自分でアレンジしていくのが、本当の学びですよね。

信岡　ミネルバ大学が目指している「理想の高等教育」って、日本にも当てはまるのでしょうか。

山本　アメリカの高等教育は、エリートと呼ばれる大学が主軸を担っています。理想の高等教育については、「もっと効率的に」「より質の高い教育を」とさまざまな研究が行われてきましたが、残念ながら既存の大学では実装できませんでした。それを、情報技術を使えば実現できると証明するためのプロジェクトとして、ミネルバが生まれたんです。実は一番初めの考えは、理想の授業を実現できる教育プログラムとソフトウェアを作って売るという発想だったんですよ。

信岡　既存の大学に使ってもらう最高の学習メソッドをつくろうとスタートしたけれど、それを最大限活かした形で使ってくれる大学がなかったから、自分たちでつくった感じでしょうか？

山本　まさにそうです。実績のないものは採用しない、という保守的な大学業界を変えるためにミネルバ大学はつくられました。だから、設置認可や単位認定方式などについては他の大学と同じ制約に挑戦しているんです。自ら改革するインセンティブがないトップ大学が、ミネルバをベンチマークにして「変わらざるを得ない状況をつくる」ことがミッションだと考えています。

信岡　さまざまな制約の下で教育が変わりにくい実情は、日本も同じかもしれませんね。

山本　正直な話、文部科学省のガイドラインに沿って新しい学校を創るなんてつまらない（笑）。

むしろ、自由な発想で新しいものを創ってしまって、それを役人が「あそこは、なんだかうまくいっているな」「少し真似してみようか」ってなるくらいが理想かなと思います。

信岡　確かに、教育機関にこそ、そういうアントレプレナーシップというか、未来創造力みたいなものが求められる時代になってきているのかもしれません。私たちも、ローカルがただただ素晴らしいとか、オンラインを使った新しい学びを創ろうという発想ではなく、学ぶ人が「自分たちで未来を創れる」という感覚をどうやったらもてるのか、というところを基軸に考えています。

山本　自分たちで良いものを創って、それが話題になり社会的に機運が高まってくることで規制が外れたり制度が変わっていく、というのがあるべき姿なんじゃないかと思うんです。信岡さんが言う「自分が社会を変えられる」と考える人たちは、そうしないと育たないのではと思います。

信岡　さまざまな規制がある一方で、日本の教育機関は、本来カバーしなければならない範囲を超えた部分もいろいろと担っていて、大変なようにも見えます。制度がもっと柔軟になれば、例えばプロジェクト学習やキャリア教育、アントレプレナーシップ育成などのテーマに絞って、さとのば大学で生徒や学生を預かることもできます。それによって、学校がアカデミックな学びという本来の役割に集中できるようになれば、お互いの強みをいかせる理想的な関係性になるし、学生にとっても、学びの形態や選択肢の幅が広がっていくと思っています。

（greenz.jp 2022/5/23を再構成　Original Text：平 真弓）

特別対談

キーパーソンに聞く｜6

前・文部科学大臣補佐官

鈴木 寛さん

すずき・かん　１９６４年生まれ。東京大学法学部卒業後、通商産業省に入省。山口県庁出向中に吉田松陰の松下村塾に通い、人材育成の大切さに目覚める。１９９５年から、通産省勤務の傍ら、大学生などを集めた私塾「すずかんゼミ」を主宰。日本を代表する多数のベンチャー起業家、社会起業家、アーティストを輩出。慶応義塾大学ＳＦＣ助教授を経て２００１年参議院議員初当選。12年間の国会議員在任中、文部科学副大臣を２期務めるなど、教育、医療、スポーツ・文化、科学技術イノベーション、ＩＴ政策を中心に活動。２０１４年10月より文部科学省参与、２０１５年２月より２０１８年10月まで、文部科学大臣補佐官を４期務める。学習指導要領の改訂、大学入学制度改革に尽力。現在は、東京大学教授、慶応義塾大学特任教授、社会創発塾塾長、ＯＥＣＤ教育２０３０理事、Teach for All Global Board Member、日本サッカー協会参与などを兼務。

東京大学と慶応義塾大学で教鞭をとられ、元文部科学副大臣で、前文部科学大臣補佐官でもある鈴木 寛さん（本稿では親しみを込めて、すずかんさんと表記します）。そんなすずかんさんが、近年主に取り組んでこられたのは、学習指導要領の改訂や大学入学制度改革です。長年、教育の現場に軸足を置きつつも、政治の中枢からシステムを変えるというダイナミックな仕事をしてきたすずかんさんに、これからの教育のあり方と、さとのば大学について語っていただきました。

50年後の大学はさとのば方式がスタンダードに!?

信岡　これまで、すずかんさんは政治の中枢から日本の教育システムを変えることを目指してこられたと思いますが、現在の日本の教育をどう見ていますか？

鈴木　ここ数年で、高校生の一部で「学び」が、かなり変わってきている実感があります。典型的な事例を挙げると、「高校生マイプロジェクトアワード」というものがあります。僕が実行委員長で、NPOカタリバの今村久美さんが副実行委員長として実務を担ってくれているのですが、2013年度に始めたときは、参加者18人、プロジェクトは2つでした。それが、2022年度には参加者が7万1029人、プロジェクトの数は2万4497件となっています。

信岡　なぜ参加者が急激に増えているのでしょうか。

鈴木　一つには、現場の地道な努力があるでしょう。回を重ねるごとにマイプロジェクトが知られるようになってきたことがあります。

加えて、増加の大きな要因となっているのは大学入試改革です。今まで、マイプロジェクトに取り組んでも、大学入試に有利にはたらくこともなく、むしろ勉強のじゃまだとさえ思われてきました。プロジェクト型の学びで成果をあげた高校生の受け入れ先となるのは、慶応義塾大学S

FC（湘南藤沢キャンパス）と、APU（立命館アジア太平洋大学）くらいしかなかったんです。今回の改革によって、今までの、知識重視や正解主義一辺倒だった入試に、総合型選抜の枠が国立大学でも平均3割というボリュームで導入されたことが、明らかにこの流れを加速させていると思います。総合型選抜では、学校長の推薦は基本的に不要。大学でどんなことを学びたいかという入学後の目標や意欲が重視され、選考方法や内容は大学によってさまざまな形をとっている。小論文やプレゼンテーション、資格・検定試験の成績、大学入学共通テストを課すなど多様になっています。

信岡　片方でマイプロジェクトを広める活動をし、もう片方でそれを抑制する要因となっていた入試制度を改革するという両側からアプローチした結果が、今、出ているというわけですね。

鈴木　物事というのは現場からの創発が一番重要です。ただ、創発はだいたい抑圧される。だから、その抑圧を外すことが大事で、さらに創発に対する共鳴がうまくいくと世の中がうまく回っていきます。

ただ、創発をやりつつ共鳴のほうを直すのは、時間がかかるしエネルギーも必要です。人間は微力です。ただ、一人ひとりは微力だけれど、無力ではない。一人ひとりの微力がシンクロナイズしたときには、ときどき相転移が起こるんです。

信岡　それでいうと、さとのば大学は、「ネットの大学managara」という、いわゆるオンライン大学と提携することができました。すずかんさんと最初にお会いしたのは２０１８年で、当時私は四年制の大学をつくるにはどうしたらよいかを考えていた頃でした。すずかんさんにその話をしたら、「文科省の認可をとるのは苦しいから、大学院や通信制の大学と提携したほうがよいのでは」というアドバイスをいただいたのが契機となっています。

鈴木　そうそう。僕は「学校教育法上の大学にしないほうがいい」って言いました。文科省の大学認可を取るには、時間もお金もかかるからって。よく覚えていますよ。

信岡　実は、そのときにすずかんさんに言われた方法が、当時はあまりピンときていなくて。でもその後、N高さんの広がり方や、インフィニティ国際学院さんのやり方などを見ていくうち、ありかもしれないと思うようになりました。

そして、たまたま同じ雑誌で取り上げられた「ネットの大学managara」さんと縁ができ、互いに「ちょうどこういうことがやりかったので一緒にやりましょう」ということになったんです。

鈴木　僕が信岡さんに初めてさとのば大学の話を聞いてからわずか3年で、間接的にということにはなるけれど大学卒業の学位取得ができる体制が整ったってことですよね。とてもよい仕組みだと思いますよ。もし、単独で文科省の認可をとる方向で進めていたら、学位を出せるようになるまでに20年はかかったでしょう。必要経費も半端じゃないしね。

信岡　オンライン大学という文科省認可の中でも制約条件が最も緩やかな形態と、市民大学という自由度の高い枠組みを組み合わせた結果、無駄を排除して、コンテンツに特化できたと思っています。

コンテンツということでいうと、日本の学校教育って、これまで「会社員を育てること」を目指してきたと思うんです。もちろん、それが求められていた時代があったわけですが、今必要なのは「社会人を育てること」なんじゃないか。最近は、会社に勤めながら副業をすることが可能になってきたり、クリック一つでオンライン上のコミュニティ間を行き来できたりするようになりました。今や、同時に複数のコミュニティに所属することは当たり前。そんな時代には、従来のように一つの組織に適応する能力よりも、多層的な社会性を身につけることが大切になると思うんです。

ただ、この感覚を短期間のプロジェクト学習の中で身につけるのは結構難しいと思っていて。というのも、今のプロジェクト学習は、学校という〝箱庭〟に身を置きつつ、たまに〝社会〟に出て行うというスタイルが主流だからです。さとのば大学はその逆で、基本的には〝社会〟に所属し、たまに学校という〝箱庭〟にみんなで集まって、安全空間で学ぶというイメージで、社会と学びの場との行き来が自在なプロジェクト学習が展開できる。これがオンラインベースでの分散型学習の貴重な価値だと思うんです。

鈴木　本来、人間が持っていた社会性を取り戻すということですよね。これまでの教育では、〝会社員〟になるプロセスで、大人が子供から社会性を奪ってきたとも言えます。本当は、みんな社会人なんですよ。小さな子供だって社会人です。

例えば、中学生は大人に守られるべき〝子供〟であると考えがちだけど、災害などの非常時になると、頼りになる存在であったことに改めて気づかされます。彼らは本来備わっている力を発揮して、お年寄りを手助けしたり、小さな子供たちの面倒を見たりしますよ。小学生だって、自分にできることを通して社会に貢献しようとする立派な社会人です。

それなのに、この数十年は、社会人として生きていくための社会性を育むことよりも、大学に入るための学力をつけることに時間を使う方向へ行き過ぎていたのではないか。それを、さとのば大学では社会の側に身を置くことで、本来の姿を取り戻すということですね。

信岡　ただ、社会と学びの場の行き来が自在なプロジェクト学習のできる学校は、まだほとんどないのが現実ですよね。先ほどの話に出たように、今、高校でプロジェクト型や探究型の学びが徐々に盛り上がってきているじゃないですか。でも、それらに真剣に取り組んだ高校生がその学び方をさらに発展させられるような大学はわずかしかなくて、例えば慶応大学SFCやAPUなどに限られるというのは、高校生にとっても大学にとっても不幸。しっかり探せば、他にもいろんな大学がやっていると思うのですが、なかなか見つけづらく、偏差値という基準以外のマッチングが難しい状況なのかなと。

鈴木　今、ＳＦＣのＡＯ入試（現・総合型選抜）は大変なことになっていて、本来なら入学してほしいレベルの受験生が定員の何倍もいる。そういう人たちを全員受け入れられないのが申し訳ないです。マイプロジェクトアワードの参加者の伸びから計算すると、定員を10倍に増やしたとしても足りない。

信岡　既存の大学で定員を増やすとなると、校舎などのハード面を整えなければならず、お金も時間もかかるので難しいですよね。でも、オンラインベースの分散型学習の学校なら、建物などのハード面の整備は必要ないので。

鈴木　そう！　だからさとのば大学はソーシャルイノベーションなんです。入試改革によって、これからは国立大学もマイプロジェクト経験者の受け皿になるけれど、一番多く受け入れられるのは、これから〝さとのば方式〟を取り入れる大学ということになる。

信岡　さとのば大学の〝ハイブリッド学習〟というシステムが、今のプロジェクト学習みたいな話と同じポジショニングになって、そのハイブリッド学習の選択肢の一つとして、さとのば大学があるという形になればいいんですよね。

鈴木　まさにそれが、さとのば大学がソーシャルイノベーションだという理由で、さとのば大学の誕生は日本教育史に残ると思いますよ。これから、このやり方はどんどんまねされるでしょう。しかも、まねされるたびに進化していくはずです。すごくいいムーブメントが起こっているんじゃないかな。50年ぐらい経つと、さとのば方式による大学が当たり前のようになっている世界がある。

時代が変わるときって、個人間で変化の受容の仕方にすごく差が出ます。例えば、明治時代になっていちはやく洋服を着はじめた人もいれば、明治30年代になってもちょんまげを結っていた人もいたらしい。

時代の変わり目において、大事なのは「未知なるものに対する感性」を磨くことです。そういう意味では、さとのば大学と提携することを決めた「ネットの大学managara」さんの感性はすばらしい。そして、1期生としてさとのば大学という未知なるものに飛び込んだ人の中から、すごいエポックメーカーが出るかもしれない。これからが非常に楽しみですね。

（greenz.jp 2021/6/21-22を再構成 Original Text：松山史恵）

終章

学びの変化の先に、行きたい未来

「学び3・0」という世界観に込めた願い

『ティール組織』という本と出会って、私が感じたのは、個人個人が持っている創造性という大切なエネルギーと、組織やチームが持っている同じ品質を安定させるという秩序、仕組みの持っている力が二律背反するものではなく、補完し合える関係になれるということでした。

一方で、そういうチームで働ける、共創的に動ける人というのはまだ少数であろうということも感じました。自律的に判断して自分で責任を負うことと、考え方の違う他者を巻き込んでいくことは、全く別のスキルを必要とします。

今私たちが生活しているほとんどのシステムが、「経済が成長していくこと」を前提に仕組みが作られています。住宅ローンや銀行の融資という仕組みも、「今日と同じことをしていると、来年はその人が稼げるお金の量が増えているだろう」という前提があります。これが人口減少社会では壊れてしまいます。

福祉の仕組み、行政の仕組み、小売業や製造業、いろんな生きていく基本となる仕組みが今後、

「今とは違う形へバージョンアップ」することを求められる時代がやってくるとき、私たちは既存の正解をどう学ぶかという学びだけでは立ち行かなくなってしまいます。

「学び3・0」という考え方は、私の未来への願いです。それは「学び1・0」的な現在の(古い)秩序の重要性を理解しながら、「学び2・0」として個人が新しいあり方の兆しを感受して挑戦し、その個人の挑戦をロールモデルにして、既存の秩序を応用させて新しい秩序を生み出すという流れです。

古い秩序を否定するわけでなく、新しい個人の挑戦を批判するのでもなく、新しい仕組みを発明するための補完関係にあるものとして捉えたい。人それぞれが持っている得意や役割を重要な資源としてお互いが大切にしたい。

それは、ティール化した社会が見てみたいという願いでもあります。

学び方を変えていくということは、「多くの人が当たり前に、その技術を習得できるようになる」ことを表しています。そういう意味で「学び3・0」という世界観は、「社会が個人の創造性とチームとしての集団性の双方を活かし合う社会」を創造するために、必要不可欠だと考えているのです。

さとのば大学を、学びを進化させていくための一つの試金石に

ここまで、社会や教育の変化を探りながら、新しい教育の一つの方向性としてのさとのば大学についてお話を進めてきました。しかし、私たちが単独でできることには限界があります。だから、さまざまな人々、学校、地域とこの世界観を共有することで、これをたたき台に議論をしたり、一緒にやってみたり、ときには競争したりしながら、教育の進化の波を大きくしていければ……。そんな思いで、この本を書かせていただきました。

また日ごろより、さとのば大学は、教育業界という大きな組織の中で、プロジェクト学習中心の学び、すなわち「プロジェクト・センタード・アプローチ」という学習メソッドを中心に開発している、一つのチームだとも思っています。

そういう意味では、さとのば大学にたくさんの人に来てもらうことも嬉しいのですが、ここで得た知見という名の〝原液〟を薄めたり、アレンジしたりしながら、既存の高校や大学の教育の一要素として取り入れてもらうこともまた同様に、非常に嬉しいことです。

互いに連携することで、例えば半年や1年間だけ、地域留学に参加できるようなカリキュラム

を設けるなど、うまくいけば、今の文部科学省のシステムに沿った形で活用いただくことも可能だと思っています。

本当に「行きたい未来」のために

さとのば大学での学びを通じて、個人的に育ってほしいのは、自分（たち）が「行きたい未来」をつくっていくことができる人です。

「ありたい未来」ではなく、「行きたい未来」という表現がしっくりくるのは、自分たちの足で歩いていく感じがするから。成り行きの未来や、誰かが用意してくれた未来なんてつまらない。自分たちで向かっていく、そのプロセスのほうがきっと楽しいはずです。

プロジェクト学習も、そのための手段でしかありません。仲間と共にトライ&エラー、挑戦と失敗を繰り返すことで、「行きたい未来」を見通せる視野は広がり、そこに行きつくためのモノサシの精度は上がっていくでしょう。

私自身の「行きたい未来」とは、人口減少をはじめとする予測のできない混沌とした世の中を、したたかに生き、ある意味で楽しみながら、「こうなったらいいな」という未来を自分たちで描き、新しい価値を共に創造していく。そんな人材が増えていくこと。

そうした人材が、日本各地に点在し、そこで多様なコミュニティを構築しつつ、互いのコミュニティを自由に行き来し、豊かさを享受し合うこと。

そして、それがモデルケースとなり、都市集中型社会から地域分散社会へ、現在共有型コモンズから未来共有型コモンズへという巨大な地殻変動が生じ、人口の推移が正常化し、最終的に持続可能な社会になること。

それが、私の「行きたい未来」です。

そのために私も、さとのば大学のすべての関係者も、トライ＆エラーを繰り返すことでしょう。日本中の学びに関わる人々と、――それは学び手である学生という立場かもしれないし、寄附者としての篤志家の方かもしれないし、さとのば大学の中で講義をしてくれる人かもしれないし、まったく別の学びをつくる学校の教員の方かもしれないし、はたまた保護者という立場の人かもしれませんが、そのすべての人たちと、未来世代のために新しい学びを創る共創者になることをいつも願いながら、祈るだけでは変わらない現実を、小さくとも一歩一歩変えていきたいと思います。

あとがき

さとのば大学をつくろうと思ったきっかけは、打つ手もなく衰退していくばかりの社会状況の中で、前を向いて生きていくための希望がほしかったからです。

この閉塞感は、もはや一人の力では打ち破ることはできません。けれど、一人では見ることができないような未来への希望も、仲間となら見ることができると信じています。

そのための場として、お互いに学び合う関係＝「学習するコミュニティ」が日本各地で広がってほしい。その一つのモデルになろう、と考えました。

きっかけはそうなのですが、そうしたモチベーションを維持し続ける原動力は何か、と問われると（これは本当によく聞かれるのですが）、やや返答に困ります。

一つは、シンプルにやっていて面白い。もちろん苦労は絶えませんが、ユーダイモニア的な楽しさがあること。

ユーダイモニアとは、古代ギリシャの哲学者アリストテレスが説く「快楽」の２つの種類※のう

※快楽には、感覚的な快楽や心地の良い幸せを表すヘドニア（消費的快楽）と、自己実現や生きがいを感じることで得られる幸せを表すユーダイモニア（創造的快楽）の2種類があると提唱。

ちの一つで、やっている最中はしんどいかもしれないが、それによって何かを生み出したときに充足感が得られる、創造的快楽のことです。

もう一つは、少し格好つけた表現になりますが、「知ってしまったら嘘はつけない」ということです。第2章で書いたような、地域の疲弊、それは近い将来の日本全体の疲弊でもありますが、そうした状態が目の前で進行していることに気づいたとき、目をつぶって生きるか、目を見開きながら、絶望とどうにかして付き合っていくか。

そのとき、僕は後者しか選びようがありませんでした。

文章にしてしまうとどうにもくさくなってしまいますね(笑)。なので、もう少し軽く言うと、「これ、絶対に体に悪いよな」と思っている食べ物を、人に勧めないじゃないですか。それと同じで、「この未来って、絶対にまずいよな」と本人が思っているのに、何もしないということが、私にはとても辛かったんです。

転換点は、やはり島での学びでした。

あるとき、町の会合に、70代の農家のおじいさんが、「あー、疲れた」と言ってやって来ました。聞けば、田んぼの草刈りを8時間もしたとのこと。私は、

「どうしてそんなに大変なのに、農業を続けるのですか？」

と聞いてみました。その方は年金も受け取ることができ、自分の家もあります。農業を本格的に続けなくても、自分だけが食べていくのであれば十分な暮らしができるのです。すると、

「やめるのは簡単だわい。『疲れたからもうやめます』と言えば、みんな理解してくれる。でも、続けるのは難しいだ」

と答えてくれました。さらに聞くと、「島のおかげで生きてきたのだから、この場所を未来に残そう」という感覚のもと、自然と身体を動かしているということでした。

こうした姿勢によって、島は支えられていたのです。個人の損得を超え、少しでも島の未来に何かを残そうとしている人の背中を見るたび、背筋がしゃんとしました。

島が本当に持続可能になるまでには、たくさんの課題があります。それは島で暮らすほど、骨身に沁みてきました。でも、だからといって大人が未来を諦めてしまったら、子供はどうやって未来に希望を持てばいいのでしょうか？

この先、島が続いているかは誰にもわかりません。勝てるかどうかわからない試合です。確率的に考えれば、負ける可能性のほうが高いかもしれません。それでも、自分たちの精一杯で挑む姿が、僕にはかっこよく見えました。

こうした、負け覚悟の試合を前に選択肢は二つあります。

「考えるのをやめ、自分の目に見える範囲、自分の生活だけを考える」こと。

「どうしていいかわからないけれど、諦めないために挑戦してみる」こと。

前者の方が賢明なのかもしれません。しかし、少しでも、未来のために何かを残したいという気持ちがあるのなら、後者のような選択が、人を、そしてその周囲にいる人をもモチベーティブにするのだと思います。

少なくとも私は、目標を達成すること自体よりも、そこに向かって努力している人の姿に勇気をもらえましたから。


そう。私にとって「勇気」というのは大切なキーワードなんです。

「今のままではだめだ。何かを変えたい」と思っていたとしても、いざ行動に移すためには、勇気が必要です。また、勇気を持って行動したからといって必ずしもいい結果に結びつくとも限りません。私自身、いろいろな挑戦をしてきましたが、勝算があって始めたことはほぼないため、「もう少しうまくやれないものか」と思うことは多々ありますし、「なぜ、こんな挑戦を始めたのだろう」と後悔することもあります。

では、勇気を出して、冒険を始めることは無意味で無謀なことでしょうか？

マハトマ・ガンディは、なぜ挑戦するかについて、こんなことを語っています。

「あなたがすることのほとんどは無意味であるが、それでもしなくてはならない。それは、世界を変えるためではなく、世界によって自分が変えられないようにするため」

この言葉を思い出すたび、いつも勇気が湧いてくるんです。

成功することが目的であるならば、勝率の低そうな挑戦はするべきではないかもしれません。しかし、自分自身が大切だと思うものを守りたいと思うのならば、自分のためにこそ、挑戦は必要になるでしょう。

そう考えると、勇気ってめちゃくちゃ難しい。

けれど、勇気って、ある人とない人がいるのではなく、筋トレのように、トレーニングによって身につけることができるものなんです。例えば、地域留学の1年目に「地域の人10人を説得してください」というミッションがあったとします。高校を卒業したばかりの若者にとって、それは、とてつもなく勇気がいることです。けれど、2年目、別の地域で同じミッションが出されたとしたら、今度はたいしたこととは思わないでしょう。

そういう意味で、さとのば大学は、勇気を磨く学校でありたいと考えています。そのため、学生には次の詩を届けるようにしています。


危険から守り給えと祈るのではなく、危険と勇敢に立ち向かえますように。

痛みが鎮まることを乞うのではなく、痛みに打ち克つ心を乞えますように。

人生という戦場で味方をさがすのではなく、自分自身の力を見いだせますように。

不安と恐れの下で救済を切望するのではなく、自由を勝ち取るために耐える心を願えますように。

成功のなかにのみあなたの恵みを感じるような卑怯者ではなく、
失意のときにこそ、あなたの御手に握られていることに気づけますように。


（ラビンドラナート・タゴール『果物採集』より　石川拓治訳）


最後にもう一つ、アメリカの神学者ラインホルド・ニーバーが作者と言われる、神様に宛てた祈りの言葉を紹介させてください。

いろいろなバージョンがあるようですが、私の心のなかに常にある、祈りのフレーズです。

変えられるものを変える勇気を私にください。
変えられないものを受け入れる冷静さをください。
そして、その二つを分かつ知恵を私にください。

素敵な詩を知るたびに、未来に向けて挑戦している誰かに出会うたびに、僕は生きていくための勇気をもらうのです。

未来を諦めずに生きている人たちはいつも、現実を変えるために学び続けているということを、素敵な大人に会うたびに感じます。

一緒に挑戦しませんか?という誘いの手前に、一緒に学びませんか?というのがあるのだと思うのです。

今回のインタビューや対談記事でご協力くださった方々は、僕にとって学びの師匠たちです。井上英之さんには、「ソーシャルイノベーションということの根本にある〝わたし〟の大切さ」をいつも教わります。副学長を引き受けてくださった船橋 力さんには人を巻き込むことの大切さを教わります。ドルトンの安居先生や飯野高校の梅北先生からは「こんなやり方もあるんだ」という発見をいつもいただきます。業界の先輩でもある白井さんには一人ひとりの特性に大きな可能性があることを。山本さんや鈴木 寛さんからはたくさんの知見のある方からみて、「さとのばに可能性を感じる」ことをずっと勇気づけしてもらっていて。同じように大学をつくろうとされている宮田さんからはまるで違う分野から同じ大切さに行き着いている感覚をいただき、managaraを創られている阿野さんからは、教育業界をより良くしようとずっと努力しつづける粘り強さを教わります。

さらに、いつも地域で暖かく学生を見守りながら、地域から見たさとのばの価値を伝え続けてくださる女川町の後藤さん、須田町長。一緒に地域事務局として学生を受け入れてくださる方々がいて初めて成り立つ学びだといつも感じます。

勝手に学び3・0のラボ仲間としていつも刺激をいただいている田原さんや嘉村さん、そしてこのさとのば大学を一緒に創ってくれる兼松さん、この本の編集/ライティングに携わってくださっている林さん、堀水さん、大西さんといった方々が、細部を丁寧に支えてくれていること。この本自体もクラウドファンディングで多くの方が支えてくださったから出版できることになりました。

そして何より、この新しい学びに勇気をもって飛び込んで来てくれたさとのば大学の学生たち。いつも彼らの挑戦の背中を見ながら、「学び手の側からさとのば大学を創ってくれている」のを感じています。

一緒に行きたい未来に向かって、知恵や時間や熱量を投下してもらって過ごす時間は、とても幸せな時間です。共創仲間がいることが、人生の一番のセーフティネットなのではないかとよく考えます。

願わくば誰もが当たり前に共創仲間と出会える、そんな学習するコミュニティが日本中、世界中にあふれている世界を夢見て、筆を置きたいと思います。長文にお付き合いいただき、ありがとうございました。

続きは現実で！

2024年3月

さとのば大学 発起人
株式会社アスノオト 代表取締役　信岡　良亮

信岡良亮（のぶおか・りょうすけ）

1982年、大阪府生まれ。同志社大学卒業後、東京のITベンチャー企業に就職。WEB部門のディレクターを務める。

08年、人口2400人の島根県隠岐諸島海士町に移住し、「持続可能な未来へ向けて行動する人づくり」を目的に起業。

6年半の島生活を経て、東京に戻り都市と地域の新しい関係を創ることを目指し、株式会社「アスノオト」を設立。発起人として2019年に「さとのば大学」を立ち上げる。

2023年Forbes JAPAN「NEXT100　世界を救う希望100人」で、世界の課題解決・地域問題解決を志向する「新・起業家」の一人に選出される。


「学び3.0」

2024年4月10日初版発行

著者　信岡良亮
発行者　大西元博
発行所　リテル株式会社
〒158-0083
東京都世田谷区奥沢7－13－9－202
info@litel.co.jp
http://litel.co.jp
発売　フォレスト出版株式会社
〒162-0824　東京都新宿区揚場町2－18白宝ビル7F
電話 03-5229-5750
https://www.forestpub.co.jp/

ブックデザイン　遠藤陽一（デザインワークショップジン）
編集　林 知里
編集協力　堀水潤一
印刷・製本　中央精版印刷株式会社

ISBN 978-4-86680-852-9